손님이 줄을 서는 음식점 만드는 비결

음식점
이렇게 하면 성공한다

음식점 이렇게 하면 성공한다

초판 1쇄 발행 2012년 9월 20일
초판 3쇄 발행 2015년 2월 12일

지은이 「니케이레스토랑」 편집부
옮긴이 박진희
감수자 심상훈

펴낸이 김영범
펴낸곳 토트 · (주)북새통

편집주간 김난희
마케팅 김병국, 추미선
관리 최보현, 남재희

디자인 아르떼203

주소 서울시 마포구 서교동 465-4 광림빌딩 2층
대표전화 02-338-0117 **팩스** 02-338-7161
출판등록 2009년 3월 19일 제 315-2009-000018호
이메일 thothbook@naver.com

ISBN 978-89-94702-20-9 13320

ⓒ 「니케이레스토랑」 편집부, 2012

잘못된 책은 구입한 서점에서 교환해 드립니다.

JITSUROKU! INSHOKUTEN URIAGE UP DAISAKUSEN
written by Nikkei Restaurants.
Copyright © 2012 by Nikkei Business Publications, Inc. All rights reserved.
Originally published in Japan by Nikkei Business Publications, Inc..
Korean translation rights arranged with Nikkei Business Publications, Inc. through PLS Agency, Korea.

신저작권법에 의해 한국어판의 저작권 보호를 받는 서적이므로 무단 전재와 복제를 금합니다.

손님이 줄을 서는 음식점 만드는 비결

음식점
이렇게 하면 성공한다

『니케이레스토랑』편집부 지음 _ **박진희** 옮김 _ **심상훈** 감수

토트

머리말

최고의 전문가들에게 배우는 대박집의 비밀

　이 책은 각종 고민을 안고 있었던 음식점들이 자신에게 주어진 과제를 멋지게 극복해 내고 매상을 올린 현장 기록입니다. 여기에 등장하는 가게들은 모두 실제로 존재하는 음식점들이며, 모든 가게는 각기 다른 경영상의 과제를 안고 있지만 어떻게 해서든 위기를 탈출하기 위해 고군분투하고 있었습니다.

　요식업계에 종사하는 사람들을 위한 종합 정보지 월간 『니케이레스토랑』은, 17년에 걸쳐 고민을 안고 있는 전국의 음식점에 분야별 전문가를 파견하여 경영 전략 수립을 지원해 왔습니다. 어드바이저들은 모두 풍부한 지도 경험을 지닌 전문가들로, 책 말미에 소개되어 있는 그들의 프로필을 보시면 책을 통해서나마 그들의 제안과 지도를 받게 된 것을 행운으로 여기게 될 것입니다.
　이들은 요리나 메뉴판 구성을 비롯해, 손님 모으는 일, 접객 등 음식점에서 발생하는 다양한 고민들에 즉각적인 효과를 발휘하는 대책을 제안하고 지도해 왔습니다. 예를 들면, 접객을 잘 못하는 꼬치집에는 명물 요리 개발을 지도해 놀랄만한 매출 상승을 기록했고, 이유 없이 매상이 저조한 해산물 이자카야는 메뉴판을 바꾸는 것만으로 주문을 늘렸고, 한 메밀국수집은 인근 사무실 등을 방문 영업하여 새로운 고객을 개척하기도 했습니다. 전문가들의 지도를 받은 음식점 중에는 단기간 내에 눈부신 성과를 낸 가게가 적지 않습니다.

더욱 중요한 것은 이들이 제시하는 대책의 효과가 일시적으로 끝나는 게 아니라는 것입니다. 대부분의 음식점 경영자들은 전문가들의 지도 내용을 되새기고 자기 나름대로 응용하여 꾸준히 발전하고 있습니다. 그 덕에 매상이 2배 가까이 늘어나 새로운 가게를 오픈한 사례도 있습니다.

하루하루의 영업만으로도 시간에 쫓겨 매상 하락의 원인을 찾지 못하거나 문제점을 알아채도 어디서부터 손을 써야 할지 몰라서 날마다 불안한 마음으로 가게 문을 여는 사람도 있을 것입니다. 또한 가게가 어렵다 보니 전문가에게 지불해야 할 상담료 때문에 전문적인 컨설팅을 요청할 엄두를 못 내는 경우도 있을 겁니다.

이 책은 바로 그런 가게들을 위해 태어났습니다. 책을 읽다 보면 여러분이 미처 깨닫지 못했던 우리 가게의 문제점을 찾을 수도 있고, 우리 가게에 응용할 만한 해법을 찾을 수도 있을 것입니다. 이 책에 등장하는 전문가들이 제안하는 방법들을 최대한 우리 가게에 적용하고 실천해 나간다면 기필코 위기에 빠진 음식점을 대박집으로 만들 수 있을 것입니다.

이 책이 전국의 음식점 경영자에게 도움이 된다면, 그 이상의 기쁨은 없을 것입니다.

월간 『니케이레스토랑』 편집장 미츠바시 히데유키

감수의 글

평범한 음식점을 대박집으로
만드는 열쇠를 쥐어주는 책

바야흐로 '울며 겨자 먹기'식 창업이 늘고 있다. 베이비붐 세대의 은퇴자들이 대거 창업시장으로 몰리고 있기 때문이다. 지나가는 말로 "안 되면 식당이나 하나 하지" 하는, 어떻게든 되겠지 식의 창업은 이제 100전 100패다.

IMF 이전만 하더라도 '장사하기'는 참 좋았다. 지금에 비하면 경쟁이 덜해서인지 웬만하면 먹고 살만 했다. 하지만 IMF 이후의 창업환경은 크게 바뀌었다. 기업에 있어야 할 사람들이 대거 창업전선에 뛰어들었기 때문이다.

퇴직하고 곧바로 뛰어들었던 창업전선의 분위기 역시 과거와는 많이 달라지고 있다. 이전에는 '창업하면 된다'는 식의 막연한 생각이 지배적이었다면 성공 기회가 줄어든 지금에 와서는 '공부하지 않으면 망한다'는 쪽으로 옮겨가고 있는 것이다. 이는 과거에 비해 지금은 '공부하는 자영업자'가 많아졌다는 얘기다. 한마디로 귀가 열린 것이다. 『음식점 이렇게 하면 성공한다』는 바로 '귀를 열고자 하는' 음식점 경영주를 위한 책이다.

이 책은 일본 음식점 경영자들의 바이블이라고 일컬어지는 음식점 전문 잡지 『니케이레스토랑』이 17년간 진행해 온 음식점 경영 컨설팅 프로그램 중 핵심적인 것만 골라 모은 것으로, 음식점을 경영하며 고민에 빠진 경영자들의 상담 사례를 집대성하고 있다. 그러다 보니 단기간에 한 사람에 의해 집필된 책에 비해 짜임새가 쫀쫀하고 내용

역시 잘 간추려져 있다. 음식점 경영주의 고민이 무엇인지를 아주 세밀하게 접근하고 있을 뿐 아니라 전문가의 상담 내용이 활자에 묻히지 않고 생생하게 살아나 아주 실질적인 정보의 선물꾸러미로 탄생되고 있다.

 책 속에는 어떻게 해야 배달 주문을 늘릴 수 있을지, 불리한 입지를 극복하기 위해서는 어떻게 해야 할지, 상권 내의 신규고객을 확보하기 위해서는 어떻게 해야 할지, 단체손님을 유치하기 위해서는 어떻게 해야 할지 등 음식점 경영자라면 누구나 고민하는 항목들이 빠짐없이 일목요연하게 정리되어 있다. 또한 메뉴판이며 간판, 전단지, 접객멘트에서 미처 생각지 못했던 이벤트까지, 우리 가게만의 특성을 잘 전달하고 고객의 유입과 주문을 이끌어내는 방법을 바로 곁에서 알려주는 것처럼 현장감 있게 전하고 있다.
 그도 그럴 것이 이 책에 어드바이저로 참여하고 있는 유메쇼닷컴의 오쿠보 카즈히코 대표, 앤드워크스의 사카토 마시히코 사장, 앤드워크스의 시니어 컨설턴트인 카타데 에미 등은 우리나라에도 이름이 알려져 있을 만큼 실력 있는 음식점 컨설턴트로 명성이 높은 전문가들이다. 수많은 경험과 시행착오를 통해 얻어낸 성공의 기술로 무장한 전문가들의 조언을 귀동냥하는 즐거움은 오래지 않아 매상으로 확장될 것이다.

이 책의 가장 큰 매력은 전문가들의 분석과 제안이 지극히 현실적이라는 점이다. 일례로, 신규고객을 늘리기 위해서는 방문 영업을 통해 상권 내 가게 인지도를 높여야 한다는 제안은 신규 창업자에겐 엄두가 안 나는 일일 수 있다. 하지만 가게 문만 열어놓는다고 해서 손님이 저절로 들어오는 것은 절대 아니다. 일단 장사를 시작했다면 어떻게 해서든 매상을 올려야 한다. 성공하지 않으면 결국 망하는 것이 음식점이기 때문이다.

관건은 적용과 실천이다. 아무리 좋은 아이디어와 컨설팅 제안을 받았다고 하더라도 잘 되는 가게로 체질을 바꾸려면 이를 뒷받침하는 경영자의 의지가 있어야 한다. 장사에 성공하려면 무엇보다 가게 경영자로서 경영 능력과 실행력을 키워야 한다. 그러기 위해서는 항상 귀를 열어 두어야 한다. 그래야 '도와주는 손(조언자)'이 나타났을 때 적시에 붙잡을 수 있다. 이 책 역시 '도와주는 손'의 하나가 되어 평범한 음식점을 대박집으로 만드는 열쇠를 쥐어줄 것이다.

나아가 장사를 하려면 '공부하는 가슴'을 가져야 한다. 여기서 공부란 '소비자 이해하기'를 말한다. 소비자를 이해하지 못하는 것은 적을 모르고 싸우는 것과 같다. 적을 모르고 덤비는 장수가 어떻게 전쟁에서 이길 수 있겠는가.

물론 경영자들은 누구나 열심히 한다. 그러나 열심히 하는 것만으로는 부족하다. 주변을 둘러보면 '장사 잘하는 사람은 따로 있다'는 느낌이 들 때가 있다. 이들의 경영을 들여다보면 그들이 얼마나 공부를 열심히 하는 사람들인지, 또 그들이 얼마나 실천력이 뛰어난 사람들인지 알 수 있다. 언제 어디서나 경쟁에서 이기려면 항상 공부하고 강한 의지로 실천해 나가는 자세를 잃지 말아야 한다.

이 책을 읽으면서 '그럴 수도 있겠다' '이렇게 해서 효과가 있겠어?' '괜히 힘만 들고 귀찮을 거야' 하는 생각만 하고 있다면 절대 변화할 수 없다. 어떻게든 매상을 올려 가게를 성공 반열에 올려놓고 싶다면 모든 사례를 꼼꼼히 살펴보고 우리 집에 적용할 수 있는 어드바이스를 간파해 내야 한다. 또한 전문가의 조언이 귀에 들어온다면 지체 없이 우리 집에 적용하고 실천해 보아야 한다.

이 책에 실려 있는 20건의 사례는 모두 실제로 존재하는 음식점들이고, 업종 또한 일식, 양식, 주점 등으로 다양하다. 하지만 음식점 경영의 원칙과 노하우만은 우리나라에서도 수정 없이 적용할 수 있을 만큼, 현재 우리나라 음식점 경영자들이 고민하고 있는 내용들과 일치하고 있다.

그러니 망설일 필요가 없다. 음식점을 창업하고자 한다면, 나아가 음식점 매상이 떨어져 고민하고 있다면 지금 당장 이 책에서 전문가들이 제시하는 조언을 실천하라. 오랜 시간과 다양한 경험을 통해 완성된 전문가의 제안을 겸허히 받아들이고 그 안에서 해법을 찾는다면 분명 길이 보일 것이다.

이 책을 읽는 음식점 경영자들의 성공을 기원한다.

작은가게연구소 소장 심상훈

차례

머리말 04

감수의 글 06

제1장 요리에 부가가치를 더해라

메뉴를 조정해 가게의 특징을 돋보이게 하고 싶다	14
대표 메뉴 매상을 집중적으로 올리고 싶다	24
레시피를 만들고 싶은데 요리사가 비협조적이다	34
매출 정체로 이익이 늘지 않는다	45

제2장 고객을 끌어 모으는 아이디어

2호점을 냈지만 1호점에 비해 고객수가 늘지 않는다	56
배달 주문을 늘리고 싶다	65
송년회 시즌을 대비해 신규고객을 늘리려면?	74

제3장 불리한 입지를 극복하는 방법

신규고객이 적은 주택지에서 매상을 늘리고 싶다	84
주택가에 있는 가게지만 단체 손님을 유치하고 싶다	92
차량 방문객이 많은 가게, 평일 저녁 매상을 올리고 싶다	101
지역 손님이 밖으로 빠져나가서 매상이 준다	109

제4장 접객의 품격을 높이는 방법

접객에 서툰 요리사 때문에 고객이 떨어져 나간다	118
아르바이트 직원에게도 보다 수준 높은 접대법을 익히게 하고 싶다	127
고집스레 지켜온 좋은 육질을 고객에게 알리고 싶다	136
접객을 못하는 점장에게 팬을 만들어 주고 싶다	145
직원이 수줍음이 많아 적극적인 접객을 못한다	154

제5장 직원 정착률을 높여야 가게가 안정된다

직원 정착률을 높여서 안정된 가게로 만들려면?	164
직원을 해고하지 않고 적자에서 탈출하고 싶다	174
10년 전에는 세련된 가게였지만 지금은 평범한 식당이 되어버렸다	184
혼자서 가게를 운영하고 있어서 너무 바쁘다	194

맺음말 위기를 벗어나려면 '문제 해결력'을 키워라 204

어드바이저 프로필 214

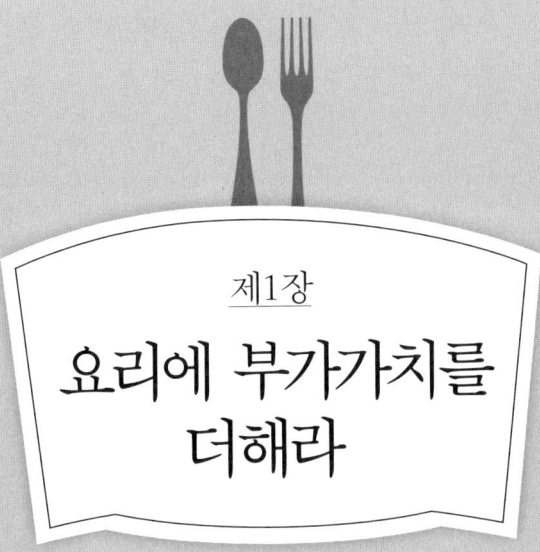

제1장
요리에 부가가치를 더해라

메뉴를 조정해 가게의 특징을
돋보이게 하고 싶다

- **어드바이저** : 오쿠보 가즈히코
- **제안 1** '우리 집만의 색을 내는 것'이 급선무다
- **제안 2** '이렇게 드세요!' 예쁜 손글씨로 제안하라
- **제안 3** 대표 메뉴는 적극적으로 어필하라

- **성과** 각종 모임 예약이 늘어 월 매상이 40만 엔 상승했다

    동경의 쿠라마에. 예전에는 장난감 도매상이 늘어서 있던 서민들의 공간으로 제법 유명한 곳이었다. 더구나 세계적인 관광지로 알려져 있는 아사쿠사도 지하철로 한 정거장 거리. 활기가 넘치는 좋은 입지라고 생각하기 쉽지만, 주변에 음식점은 거의 보이지 않는다. 아사쿠사 주변의 번화가가 가깝기 때문인지 음식점의 수요가 그렇게 많지 않은 모양이다.

    이곳에 자리한 독일요리 전문 바 〈마이네크라이네〉는 맥주 판매량이 많은 여름이면 월 매상이 400만 엔을 웃돌곤 했지만, 최근에는 300만 엔 전후에 머물러 있다.

독일요리만 고집하다가는 손님을 놓쳐버릴 거라고 생각한 다카하시 사장은 메

뉴의 폭을 넓혀 갔다. 그러나 손님의 발길은 돌아오지 않았다. 손님들에게 설문조사를 한 결과, 맛이나 분위기는 만족스럽지만 가격이 좀 비싸다는 의견이 많았다. 그래서 다카하시 사장은 1인당 평균 4천 엔을 웃도는 객단가를 생각하여, 맥주를 많이 마셨을 경우에는 요금을 할인해 주는 등 객단가를 낮춰 재방문을 유도하고 있다.

메뉴의 수를 좀 더 늘려서 다양한 수요에 응해야 하는 것인지, 다카하시 사장은 고민에 빠져 있다.

독일요리 전문점치고는 메뉴의 수가 너무 많다. 이렇게 되면 정작 대표 상품인 '소시지'나 '아이스바인' 같은 차별화된 메뉴가 눈에 띄지 않는다.

제안1 '우리 집만의 색을 내는 것'이 급선무다
독일 감각을 드러내는 데 집중하라

"아버지가 가게를 경영하고 계셨을 때는 피아노와 아코디언의 라이브 연주가 있는, 독일의 뮤직 홀 같은 분위기였습니다. 날이

더워지면 맥주를 즐기는 손님들로 북적였지요. 그런데 최근에는 완전히……."

2대째 가게를 운영하고 있는 다카하시 사장은 말끝을 흐렸다.

가게 근처에는 대기업 계열의 장난감 회사와 중소기업 사무실들이 있어서, 그 직장에 근무하는 30~40대 남성 샐러리맨이 주요 고객층을 이루고 있다. 그런데 요즘은 불황의 여파로 대규모 회식이 점점 줄어들기만 하니, 그것만으로도 타격이 크다.

어드바이저인 오쿠보 선생은 다카하시 사장에게 말했다.

"문제는 간판에 '독일풍'이라고 써놓고 메뉴에서는 '독일다움'이 전혀 느껴지지 않는다는 겁니다. 지금의 〈마이네크라이네〉는 오히려 퓨전 술집에 가깝지요. 특징이 없어져 버린 겁니다. 요리의 맛에는 문제가 없으니까, 이제부터는 비싸다는 느낌을 지우는 동시에 고객을 불러들이는 방법을 고안하기만 하면 됩니다."

앙케트의 자유 의견란에 '메뉴가 적다'는 의견이 있어서 반 년 전에 가짓수를 늘려 현재의 메뉴판으로 바꿨다는 다카하시 사장. 그러나 오쿠보 선생은 바로 그것이 가게의 특징을 약화시킨 원인이라고 지적한다. 아버지가 가게를 경영할 당시에는 지금보다도 훨씬 독일색이 강하고 메뉴의 수도 적었다.

다카하시 사장은 "독일요리만 고집하다가는 손님이 계속 줄어들기만 할 거라는 생각에 메뉴의 폭을 넓혔습니다. 여러 종류의 요리를 제공하면 손님이 늘어나지 않을까 싶어서……"라며 자신의 생각을 털어놓았다.

이에 대하여 오쿠보 선생은 엄격한 말투로 말했다.

"잘못 생각하신 겁니다. 언뜻 보기엔 여러 가지 요리가 있는 것처럼 보이지만, 가게의 간판 상품이랄 수 있는 독일요리가 이 메뉴판에서는 눈에 띄지 않습니다. 이래서야 대형 호프집들과 다를 게 없고 특징이 나타나지 않습니다. 오히려 가격이 높은 만큼 비싸게만 느껴지는 것이지요. 지금의 메뉴는 어중간한 상태입니다."

앙케트의 응답은 어디까지나 개인의 의견일 뿐이다. 소수 고객의 의견을 무조건 받아들이다 보면 그만큼 위험 부담도 커진다.

"메뉴 수를 늘리는 것보다는 인상에 강하게 남는 명물요리를 만들어서 효과적으로 어필하는 것이 선결 과제입니다. 뭐든지 있는 가게를 만드는 것이 아니라 '독일요리 전문'이라는 이미지를 확립합시다."

오쿠보 선생의 말에 다카하시 사장은 고개를 크게 끄덕였다.

오쿠보 선생은 모임 메뉴 추천법도 언급했다. 지금의 표기는 '감자요리', '소시지 ○종'이라는 패턴이라 구체적인 요리의 내용을 전혀 알 수 없다고 지적했다.

"어떤 종류의 소시지가 몇 개나 나오는지, 감자는 어떤 식으로 요리해서 나오는지를 명시하는 편이 좋습니다. 그것이 고객에 대한 친절의 첫걸음이기도 하지요.

제안2 '이렇게 드세요!' 예쁜 손글씨로 제안하라
손글씨와 일러스트로 정감 있게 표현하라

그렇다면 지금 있는 요리를 어떻게 어필해야 〈마이네크라이네〉

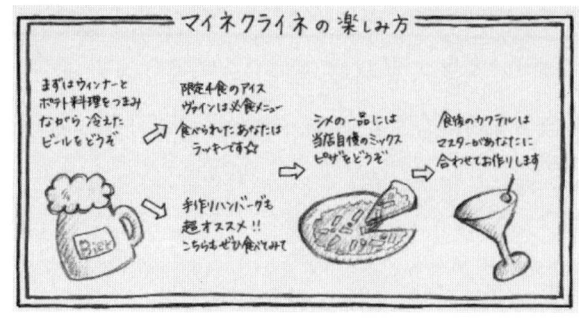

코스를 나누어 손글씨로 추천 요리를 설명해 주면 처음 방문한 손님이라도 쉽게 메뉴를 고를 수 있다.

를 독일요리 전문점답게 만들 수 있을까?

"무엇보다 이 가게에서만 맛볼 수 있는 요리를 권하는 것이 중요합니다. 가게 측에서 적극적으로 권하지 않으면 손님들은 애써 만든 특제 요리에 관심을 가져 주지 않으니까요."

오쿠보 선생이 추천한 것은 '안내서 만들기'였다. '〈마이네크라이네〉 스타일로 드세요!'라고 절반은 정해진 코스를 손글씨와 사진 또는 그림으로 설명하여 메뉴판에 끼워 놓으면 자연스레 손님들의 눈에 띄게 된다.

"가게에 처음 오신 손님들은 어떤 메뉴가 이 가게의 대표 요리인지 모르니까, 이렇게 '안내서'를 준비해 두면 그 가게의 특징을 한눈에 알 수 있습니다."

〈마이네크라이네〉의 명물요리가 무엇이냐는 오쿠보 선생의 질문에 다카하시 사장은 주저 없이 대답했다.

"아이스바인(독일식 족발 요리)입니다. 저희 아이스바인은 독일에서 오래 생활했던 분이나 일부러 독일요리를 맛보기 위해 찾아다니는 손님들에게도 맛있다고 칭찬을 받는 메뉴입니다. 다만 요리하는 데 시간이 걸리는 탓에 하루에 4인분 이상 만들기 어렵습니다."

"그럼 먼저 소시지나 감자 요리를 가볍게 집어먹으며 맥주를 마시게 하고, 그 뒤에 이 집의 '자랑'인 아이스바인을 추천하세요. 4인분 한정이라면 그 부분도 확실하게 어필해야 합니다. 고객은 희소성에 끌리니까요. 아이스바인이 다 나갔을 경우를 생각해서 아이스바인만큼 매력적인 요리도 준비해 두어야 해요. 알루미늄 호일로 싸서 구운 독일풍 햄버거 같은 건 어떨까요? 마지막에는 반죽부터 직접 만드는 콤비네이션 피자를 추천해 보세요. 그리고 사장님께서 바텐더 자격증을 가지고 있으니, 마지막 한 잔은 고객에게 어울리는 특제 칵테일을 제안한다면 좋아할 것입니다."

이어서 오쿠보 선생은 메뉴판에서 아이스바인을 어떻게 돋보이게 할 것인가도 중요한 문제라고 지적했다. 다카하시 사장은 지금까지 메뉴판에 요리 사진을 올린 적이 없었다. 요리에 대한 설명

◀ 요리 사진은 가능한 한 크게 사용해서 어필한다.

◀ 맛있다고 칭찬해 준 고객의 코멘트를 적극적으로 올린다.
"독일에서 5년이나 살고, 일본 각지의 독일요리 전문점에서 아이스바인을 먹어본 ○○씨가 맛있다고 칭찬해 주신 우리 집의 자랑입니다."

1장 요리에 부가가치를 더해라

은 적혀 있지만, 아무래도 익숙하지 않은 독일요리를 글만으로는 이해하기 어렵다. 오쿠보 선생은 한 페이지를 별도로 마련해 완성된 아이스바인 사진을 크게 넣어 보다 자세하게 소개할 것을 제안했다.

"칭찬해 준 고객의 코멘트도 함께 쓴다면 설득력이 높아져 고객들에게 보다 강하게 어필할 수 있습니다. 1일 4인분 한정이라면 '예약하면 확실히 드실 수 있어요!' 같은 문구도 집어넣으세요. 주문 당시 아이스바인이 다 나갔더라도 다음번 방문의 계기가 됩니다."

〈마이네크라이네〉의 메뉴판은 모든 메뉴의 글자 크기가 같아서 어느 것이 추천 메뉴인지 알기 어렵다. 이 문제에 대한 오쿠보 선생의 해법도 사진이었다.

"다른 대표 요리도 사진을 올려서 강약을 조절하면 눈에 더 잘 띄게 됩니다. 이렇게 함으로써 주문을 유도할 수도 있습니다. 소시지류는 주문 스타일을 조금 바꿔 보는 건 어떨까요? 커다란 접시에 소시지를 종류대로 담아내서 손님이 직접 좋아하는 소시지를 고르도록 하면 시각적으로 식욕을 자극하는 효과가 있을 겁니다."

반대로 서브 메뉴는 아래쪽에 작게 소개하는 것이 포인트. 오쿠보 선생은 메뉴판 스타일까지 꼼꼼하게 체크해 주었다.

"글자는 컴퓨터로 뽑은 것보다는 손글씨로 쓰는 편이 좋습니다. 요리 이름을 쓴 종이 밑에 독일어 신문을 바탕으로 깔고 커버를 씌우면 보다 독일 느낌이 살아 있는 메뉴판이 만들어질 겁니다."

제안3 대표 메뉴는 적극적으로 어필하라
메뉴판에 사진을 넣어 시각적인 효과를 높여라

전문가의 어드바이스를 받은 다카하시 사장은 곧바로 개혁에 들어갔다. 우선 대표 메뉴를 어떻게 알릴 것인가부터 시작했다. 일하는 중간 중간 틈이 나는 대로 요리나 칵테일 사진을 찍어서 모아 놓고 조금씩 메뉴판을 바꾸어 가고 있다.

"조리하지 않은 생소시지를 손님들에게 선보이고 직접 고르도록 하려고 했으나, 종류에 따라서는 조리를 하지 않으면 맛있게 보이지 않는 소시지도 있기 때문에 이런 식의 주문 방법은 포기했습니다. 그 대신 조리를 한 소시지를 종류별로 촬영해서 메뉴판에 올릴 예정입니다."

오쿠보 선생의 어드바이스를 바탕으로 이것저것 시험해 보고 있는 다카하시 사장은 아이스바인이나 칵테일도 디지털 카메라로 꾸준히 촬영하고 있다.

'〈마이네크라이네〉 스타일로 드세요!'는 세트 메뉴로 소개하기로 하고, 세 가지 코스를 사진으로 찍어 소개했다. 새로운 메뉴를 소개한 첫날, 소시지와 감자 요리, 닭고기 허브소금구이, 피자 등 여섯 종류를 세트로 한 '마이네 세트(4인용 4,500엔)'는 주문을 받지 못했지만, 소시지와 감자, 치즈 등을 세트로 한 '1인용 세트(1,000엔)'와 소시지 3종과 감자 3종을 조합한 '독일 세트(2인용 1,000엔, 3인용 1,500엔)'는 순조로운 출발을 보였다.

"사진이 붙어 있느냐 없느냐에 따라 고객의 반응이 무척이나 다르다는 것을 실감했습니다. 이제부터는 일품요리 사진도 계속 메뉴판에 올리려고 합니다."

다카하시 사장은 노력한 만큼 고객들이 반응을 보여주는 것에 큰 즐거움과 보람을 느끼고 있다.

오쿠보 선생에게 종류가 너무 많다고 지적 받은 메뉴에 대해서는 "메뉴판에 사진을 올리게 되면 필연적으로 공간이 모자라기 때문에 주방장과 의논해서 천천히 줄여 나갈 예정입니다"라고 계획을 밝혔다.

각종 모임 메뉴에 대한 변경 안내는 상담 직후 바로 착수했다. 이전에는 코스 요리의 구체적인 내용을 기재하지 않았지만, 어떤 종류의 소시지를 제공하는지 등 요리의 내용을 상세히 명시했다. 때마침 모임이 많은 시기이기도 했지만, 바뀐 메뉴의 효과도 있는 것인지 각종 모임 예약이 꽤 들어와서 작년 같은 시기에 비하면 월 매상이 40만 엔이나 올랐다.

전문가 상담을 받고 나서

지속적으로 변화 추구하며
감사장 발송도 시작했습니다

전문가 상담을 받고 나서 세세한 부분을 조금씩 개선해 나가고 있습니다. 매장 내의 조명을 낮추었더니 너무 어둡다는 의견이 많아 지금은 조명은 그대로 두고 양초를 테이블에 올려놓았습니다. 양초와 양초를 담아놓는 플라스틱 용기는 100엔 숍에서 구입했지요. 비록 작은 투자였지만 젊은 분이나 생일을 맞은 손님들에게 호평을 받고 있습니다.

3년 반 전에 새로운 지하철역이 생기면서 이 지역에도 유동인구가 많아져 신규고객과 젊은 고객이 늘어나고 있습니다. 또한 오래된 단골에게는 손으로 쓴 감사장을 보내는 등 새로운 시도도 하고 있습니다. 새로 만든 메뉴판으로 '독일다움'을 크게 내세워 매상을 올리려고 노력하고 있습니다.

그 후의 경영 상황

동일본대지진 이후 손님들의 발길이 뜸해져서 힘든 상황이 계속되었습니다. 게다가 가까운 곳에 대형 맥주 전문점이 오픈하여 손님이 흘러간 것도 한몫했지요. 저희뿐만 아니라 주변 가게들 모두 힘들었습니다. 마음을 다잡고 오쿠보 선생의 어드바이스를 떠올리며 가게의 장점을 명확하게 드러낼 계획입니다.

대표 메뉴 매상을
집중적으로 올리고 싶다

🎩 **어드바이저 : 키노시타 나오유키**
- **제안1** 추천 메뉴로 주력 상품을 눈에 띄게 하라
- **제안2** 크고 푸짐하게 차려 고객을 감동시켜라
- **제안3** 매장과 가게 입구를 밝고 환하게 꾸며라

🍽 **성과** 월 매상이 2배로 증가하여 새로운 점포를 개업했다

2011년에 개업 30주년을 맞이한 해산물 이자카야 〈다이〉. 고베 일대에 3호점까지 오픈하며 부흥기에는 한 곳에서 월 2천만 엔의 매상을 올렸던 곳이다. 그런데 최근의 월 매상은 당시의 1/7 수준으로 감소했다. 라이벌 가게의 출현이 큰 영향을 끼친 것이다.

신선하고 맛있는 해산물을 제공하고 있다고 자신하는 오오야마 사장은 매상이 이렇게까지 떨어진 이유를 모르겠다며 전문가 상담을 청해 왔다.

〈다이〉의 특징은 항구에서 직송해 오는 신선한 해산물에 있다.

상담 전의 〈다이〉 외관. 만선기 이미지의 간판으로 가게의 존재는 확실히 알리고 있지만, 전면 유리창에 포스터 3장이 붙어 있을 뿐 별다른 홍보 장치가 없고, 내부가 어두워 이미지가 나쁘다. 지하로 향하는 계단도 밖에서 비추는 빛뿐이라 어두워서 선뜻 들어가기 힘든 분위기였다.

그러나 회 메뉴의 비율은 전체의 28% 정도. 키노시타 선생은 "메뉴의 전문성을 내세우려면 35%까지 비율을 늘릴 필요가 있습니다"라고 조언한다.

오오야마 사장이 너무 열성적인 나머지 다른 가게들을 벤치마킹해서 좋다고 생각되는 것이면 무엇이든 받아들이다 보니, '해산물 이자카야'라는 본래의 특색을 잃어버리고 '종합 이자카야'의 길을 걷게 된 것이 실수라는 얘기다.

특징 있는 회 메뉴에 비해 꼬치 튀김이나 닭꼬치 같은 메뉴가 눈에 띄고 있다는 것도 문제다. 또한 매장이 지하 1층에 위치한 탓에 밖에서 매장 내부 모습이 보이지 않고, 가게 입구가 어두운 것도 손님들이 멀어지는 원인이 되고 있다. 어떤 메뉴를 어느 정도의 가격에 먹을 수 있는지 알 수 없으면, 처음 가는 손님은 선뜻 들어서기가 어려워지는 법이다. 〈다이〉는 이 문제를 해결하는 것이 중요한 숙제다.

Before

전문가 상담 전의 추천 메뉴. '항구 직송'이라는 글씨가 눈에 띄지만, 신선함에 대한 자부심만 느껴질 뿐. 메뉴에 대한 정보는 전혀 알 수 없다. 오른쪽 반을 차지하고 있는 것은 꼬치 튀김 메뉴.

전문가 상담 이후 변화된 추천 메뉴. 추천 메뉴 한쪽 면 전부가 어류 메뉴 정보로 채워져 있다. 음식 사진도 크게 만들었다.

After

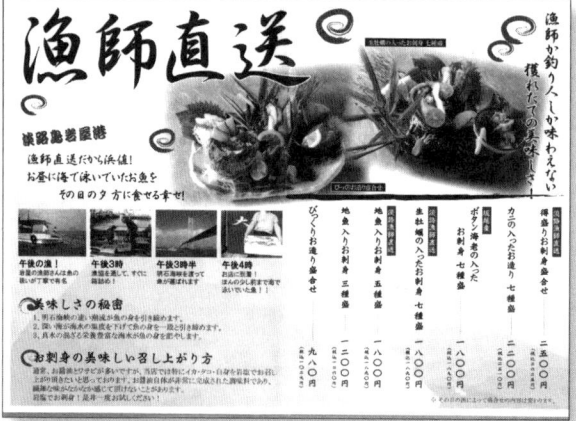

'특가 모둠회', '게가 들어간 초밥 7종 세트', '모둠초밥' 등 어종을 고정시키지 않은 이름으로 7개 메뉴를 구비했다.

📓 제안 1 추천 메뉴로 주력 상품을 눈에 띄게 하라
신규고객에게는 모둠회를 권하라

키노시타 선생의 핵심 제안은 〈다이〉가 본래 목표로 했던 해산물 이자카야의 특징을 알기 쉽게 전달하자는 것이었다. 그 하나가 추천 메뉴다. 전문가 상담을 의뢰받았을 당시의 추천 메뉴는 A3 크기의 메뉴판에 앞뒤로 기재되어 있었다. 그중 한쪽 면에는 반 정도의 지면을 할애해서 '항구직송'이라고 써놓았는데, 그것만으로도 〈다이〉의 특징을 잘 드러내고 있다고 생각해 왔다.

그러나 키노시타 선생은 날카롭게 지적했다.

"이 메뉴판에는 그저 간략한 메뉴만 쓰여 있을 뿐입니다. 구체적인 해산물 메뉴가 적혀 있어야 하는데, '오늘의 추천 메뉴'라고 적혀 있는 게 전부죠."

단골손님들에게는 '오늘의 추천 메뉴'만으로 충분할지도 모른다. 하지만 처음 오신 손님에게는 반드시 추천 메뉴를 통해 모둠회를 권해 주는 것이 좋다. 해산물 이자카야를 찾는 손님은 모둠회가 먹고 싶단 생각에 오는 경우가 많은데, 추천 메뉴에서 모둠회가 눈에 띄지 않으면 주문으로 연결되기 어렵기 때문이다.

신선한 해산물이 중요한 재료인 음식점은 그날그날 들어오는 재료 내용이 달라질 수 있다. 따라서 추천 메뉴에 재료를 기재하여 고정화하면 신선함을 지키기가 어려울지도 모른다는 불안감이 내재되어 있는 것도 사실이다. 그런 점에서 새롭게 제작한 메뉴판처럼 '아와지 섬 어부 직송 국내산 5종 모둠회(1,800엔)'라는 표현을 쓰면, 그날 들어오는 재료 내용에 따라 유연하게 대응할 수 있다. 이렇게 해서 새로운 메뉴판에는 7종의 모둠회를 갖추었다.

모둠회 메뉴에 대해 키노시타 선생이 한 가지 더 제안한 것이 있었다. 냉동 새우와 연어를 추가하는 것이었는데, 이 부분에서 오오야마 사장은 걱정하는 안색을 내비쳤다.

"아와지 섬 이와야 항구의 어부에게 해산물을 직접 사오기 때문에 방금 전까지 헤엄치고 있던 신선한 생선을 제공할 수 있다는 것이 우리 집의 가장 큰 자랑거리입니다. 냉동 재료를 섞는다는 건 우리의 자랑거리를 스스로 부정하는 것 같아서……."

키노시타 선생은 급히 손을 내저으며 오오야마 사장의 말을 끊었다.

"전부 냉동 재료로 바꾸자는 것은 절대 아닙니다. 모둠회에는 색감이나 어종의 변화가 필수적입니다. 특히 연어는 여성 고객들이 좋아하는 품목이니 냉동 재료에 대한 저항감이 낮고, 냉동 재료를 일부 사용하면 음식의 원가를 낮추는 데도 큰 도움이 될 것입니다."

📖 제안2 크고 푸짐하게 차려 고객을 감동시켜라
수북이 담은 접시로 '놀라움'을 선사하라

가게의 특징인 해산물의 장점을 전했다면, 다음으로 필요한 것은 해당 메뉴를 주문한 고객의 만족도를 높이는 일이다. 이때는 어떻게 담아내느냐가 아주 중요하다. 지금까지 〈다이〉의 모둠회는 작은 접시에 카이세키(다회茶會에서 차를 권하기 전에 내는 간단한 음식) 풍으로 고상하게 담아내는 스타일이었다.

이에 대해 키노시타 선생은 다음과 같이 조언한다.

"모둠회는 해산물 이자카야에 온 손님이 제일 먼저 주문할 가능성이 높은 메뉴입니다. 배도 고플 테고요. 이런 손님들의 강한 기대에 부응하기 위해서는 기대를 뛰어넘는 놀라움과 감동을 느끼게 해주어야 합니다. 그것은 어떻게 담느냐에 달려 있습니다."

재료 자체의 신선도나 품질이 보증되어 있다고 해도, 그것이 먹음직스럽게 보이느냐 아니냐는 어떻게 담아내느냐에 따라 달라진다는 얘기다.

키노시타 선생은 참고가 될 만한 이자카야 리스트를 오오야마 사장에게 건넸다.

"이 가게들을 한번 둘러보고 회가 어떻게 담겨 나오는지 살펴보세요."

목록에 있는 가게들을 차례로 방문한 오오야마 사장은 바로 회 담는 법을 개선하기로 결정하고, 연구에 들어갔다. 그 결과 완성

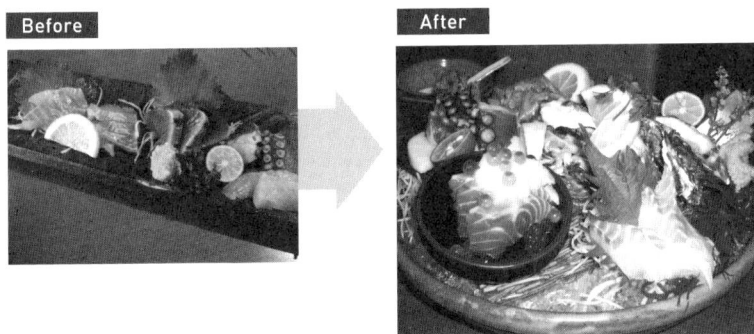

카이세키 풍으로 담아내던 것을 푸짐하게 바꿨다. 사진은 '사카코시 산 생굴이 들어간 모둠회 7종'. 가까운 사카코시에서 나는 굴이라 신선하다는 사실을 강조하면서, 다른 6종의 회는 그날 들어오는 어종에 따라 유연하게 대처한다.

1장 요리에 부가가치를 더해라 29

된 것이 커다란 그릇에 얼음 조각을 넉넉히 쌓고 작은 용기를 올린 다음 적절히 장식한 뒤 그 위에 회를 입체적으로 담아내는 방법이다.

물론 이런 변화를 시도했다고 해서 매상이 단기간에 눈에 띄게 달라진 것은 아니다. 하지만 손님들의 평가는 대부분 호의적이었다. 무엇보다 오오야마 사장을 기쁘게 한 것은, 모둠회를 주문한 여성 고객이 환성을 지르며 디지털 카메라로 요리 사진을 찍는 모습이었다. 이런 광경을 볼 때마다 변화를 시도하기를 정말 잘했다고 느끼고 있다.

📋 제안3 매장과 가게 입구를 밝고 환하게 꾸며라
실내 사진을 내걸어 처음 온 고객의 불안감을 없애라

메뉴를 바꾸고 요리도 맛있어 보이게 담아낸다고 해도 일단 손님이 가게에 들어와야 보여줄 수 있다. 때문에 손님의 눈에 잘 띄고 들어오기 부담스럽지 않게 입구에서부터 변화를 주어야 한다. 〈다이〉 입구에는 만선 깃발을 활용한 큼지막한 간판이 걸려 있어서 해산물 이자카야라는 건 쉽게 알 수 있지만, 매장과 메뉴에 대한 정보가 전혀 없는 상태다.

게다가 지하 매장으로 내려가는 계단이 어두워서 선뜻 들어서기 어렵다는 것도 문제다. 뿐만 아니라 메뉴나 가격 정보가 전혀 보이지 않아 처음 오는 손님들은 망설일 수밖에 없다. 키노시타 선생도 그 부분을 지적했다.

"어느 정도의 예산을 생각해야 하는지 알 수 없는 것도 손님을 불안하게 만듭니다."

특히 요즘처럼 불황일 때는 식비로 얼마를 쓸 것인지 미리 사용 금액을 정해놓고 음식점을 찾는 손님이 많기 때문에 메뉴나 가격 정보의 공개는 중요하다.

메뉴의 내용, 가격, 매장의 분위기를 사진과 함께 공개해 유리창 전면에 붙여놓았다.

키노시타 선생이 제안한 방법은 가게 앞을 지나가는 손님들에게 메뉴의 내용, 가격, 매장의 분위기 등 매장 정보를 보여주자는 것이었다. 당초에는 천으로 된 현수막을 생각했는데, 바람이 불면 펄럭거릴 것을 생각하여 창문에 사진을 붙이는 것으로 대신했다.

입구가 어두운 것을 해소하기 위해서는 지하로 내려가는 계단 위에 다운라이트를 달고, 전면 유리창 안쪽에는 스포트라이트를 설치하여 바깥쪽을 비추도록 했다. 입구가 환해지면서 가게 분위기가 완전히 달라졌다.

매장으로 내려가는 계단 위 천장에 다운라이트를 설치하고, 창문 안쪽에는 바깥쪽을 비추는 스포트라이트를 설치해서 입구 전체를 밝게 만들었다.

1장 요리에 부가가치를 더해라

전문가 상담을 받고 나서

'이런 방법이 있었구나!' 하고
꿈에서 깨어난 기분입니다

제가 준비한 생선에는 자신이 있었지만, 손님에게는 맛있게 느껴지지 않는 걸까 싶은 불안감이 있었습니다. 키노시타 선생님께 "맛이 없다면 지금의 매상도 안 될 것입니다. 맛에는 자신을 가지세요"라는 말씀을 듣고 가슴에 맺혀 있던 응어리가 풀어졌습니다.

또한 신선한 생선을 고집하는 것의 연장선으로, 초밥 메뉴를 만드는 게 좋지 않을까 고민하고 있었는데, 선생님께서 "초밥 메뉴는 손님을 끌어들이는 방법은 되지만, 초밥을 만드는 요리사를 고용해야 하는 경비를 생각하면 그만큼의 매상을 올려야 하기 때문에 도입하는 게 꼭 좋은 것만은 아닙니다"라고 조언해 주셔서 고민을 덜었습니다. 선생님의 가르침대로 대박집들을 방문해 보니 초밥 메뉴가 없어도 번창하고 있는 가게는 얼마든지 있더군요.

어떻게 담아내는가 하는 문제는 한 요리 연구가가 '적게 담는 편이 멋스럽다'고 했던 말이 머리에 남아 있어서 마치 주문에 걸린 것처럼 그에 대한 고정관념을 갖고 있었던 것 같습니다. 이것도 다른 가게들을 직접 돌아보고 깨닫게 되었습니다.

번성하고 있는 가게에서 음식 내오는 것을 보니 그 호화로움에 저절로 탄성이 나오게 되더군요. 또한 그런 대박집의 모둠회는 나오는 시간도 빨라서 놀랐습니다. 우리도 준비에 좀 더 신경을 써서 주문 받은 요리가 빨리 손님 상에 나갈 수 있도록 조리 시스템에 변화를 도입했습니다.

이것 또한 생각지도 못한 수확이었습니다.

선생님께 참 많은 것을 배웠는데, 아직 전부 실천하지는 못했습니다. 직원들이 '오늘의 추천 메뉴'에 빨간 펜으로 동그라미를 그려 그 자리에서 추천하는 방식은 메뉴판과 간판 변경이 마무리되면 시도해 보려 합니다. 현장 서비스 개선은 항상 염두에 두어야 할 부분인 것 같습니다.

상담 이후 경영 상황

전문가 상담을 받고 나서 매상이 지속적으로 늘어나고 있습니다. 특히 2011년 말부터 가속 성장해 이제는 월 매상이 1천만 엔에 달합니다. 그 기세에 힘입어 목 좋은 역세권에 2호점까지 오픈했습니다. 2호점에서도 키노시타 선생님의 가르침을 실천하고 있어서 영업은 순조로운 편입니다.

레시피를 만들고 싶은데 요리사가 비협조적이다

🎩 **어드바이저** : 신보 가츠노리

📝 **제안1** 레시피 작성을 통해 얻을 수 있는 이점을 설명하라
📝 **제안2** 준비용 레시피와 주문용 레시피로 나누어 작성하라

🍽 **성과** 주방 직원들의 질문 횟수가 줄어서 부담이 줄어들었고, 조리 과정에 대한 매뉴얼 작성에도 착수했다

일본 전통 현악기인 샤미센(三線) 연주를 라이브로 즐길 수 있는 〈앗파리샹〉은 2004년에 개업한 민속주점. 월 매상은 450만 엔 수준이지만, 월세 부담이 적은 덕에 흑자를 유지하고 있어 실적면에서의 고민은 딱히 없다. 단지 4년간 요리사가 여섯 번이나 바뀌고, 그때마다 맛이 달라지거나 조리법을 몰라 문제가 발생하곤 했다.

잘 정리된 레시피가 있으면 맛의 안정을 꾀할 수 있고, 2호점을 낼 때도 도움이 된다. 또 아주 급할 때는 주인인 나가하마 사장이

'앗파리샹'은 사미센 라이브와 오키나와 전통 요리를 즐길 수 있어 관광객에게도 인기가 있는 주점으로, 음식 맛에 대한 평판도 좋다. 이후 새로운 지점을 냈을 때 같은 맛을 유지하고 싶다.

대신해서 음식을 만들 수도 있다.

그러나 요리사들은 하나같이 바쁘다는 핑계로 레시피를 만들어주지 않았다. 요리사를 설득해서 어떻게든 레시피를 만들고 싶다는 것이 나가하마 사장의 생각이다.

이에 대해 어드바이저인 신보 선생은 다음과 같이 지적한다.

"일반적으로 요리사들은 레시피가 만들어지면 자신의 존재 의미가 없어진다고 생각합니다. 하지만 그건 오해입니다. 절대 그렇지 않습니다."

요리의 맛은 불의 조절 방법이나 조미료를 넣는 타이밍 같은, 아주 작은 차이로 달라진다. 따라서 레시피가 있다고 해서 요리사가 필요 없어지는 것도 아니며, 레시피 자체만으로 맛의 균일화가 이루어지는 것도 아니다. 나아가 요리라는 게 레시피만 있다고 해서 누구나 할 수 있을 만큼 간단하지도 않다.

레시피 작성의 의미는 맛이나 양의 균일화에 대한 토대를 만들 수 있다는 데 있다. 또한 만들어진 레시피를 활용함으로써 주방 작업의 효율화를 꾀할 수도 있다.

📖 제안 1 레시피 작성을 통해 얻을 수 있는 이점을 설명하라
맛과 양의 안정화와 작업의 효율화를 기대할 수 있다

신보 선생은 나가하마 사장과 주방 스태프를 모아놓고 레시피에 대해 설명하기 시작했다.

"레시피를 만들어 본 적이 있습니까? 레시피에 대한 사진이 있습니까?"

첫 질문을 받은 마츠타케 주방장은 "만들어 본 적은 없습니다. 나쁜 일이라고 생각하는 건 아니지만……" 하고 말끝을 흐리며 어물거렸다.

그 반응을 예측이라도 한 듯 신보 선생은 말을 이어 나갔다.

"일본의 요리사 100명 중 99명은 레시피 같은 건 필요 없다고 생각하지요. 하지만 레시피는 만들어 두어야 합니다. 왜냐하면 주방장의 역할은 언제나 같은 맛과 같은 스피드로 음식을 제공할 수 있도록 주방 스태프들을 관리하는 것이며, 레시피는 그 기초가 되기 때문입니다."

신보 선생이 말하는 레시피 작성의 이점에는 다음과 같은 것들이 있다.

레시피를 만들면 뭐가 좋을까?

1. 맛의 '흔들림'이 없어진다

요리사 각자가 자신의 감각으로 만들면 제각각의 맛이 나지만, 레시피와 실물을 정기적으로 비교하면 그런 '흔들림'을 조절할 수 있다.

2. 원가를 안정시킬 수 있다

언제나 같은 요리를 제공하다 보면 알게 모르게 한 접시에 담아내는 양이 늘어나게 마련이다. 한 접시에 담는 음식 양이 늘어나면 그만큼 원가가 올라간다. 레시피대로 철저히 분량을 지키면 그런 일을 방지할 수 있다.

3. 주방장이 가르치는 수고가 줄어든다

새로운 스태프가 왔을 때나 새로운 지점을 냈을 때, 모두가 하나부터 열까지 주방장에게 묻다 보면 가게가 돌아가지 않는다. 그러나 레시피가 있으면, 먼저 레시피를 보게 하고 궁금한 부분만 주방장에게 묻게 하면 된다.

4. 요리사에게는 재산이 된다

레시피를 만들어 놓는 습관이 생기면 하나하나 분량을 재지 않아도 양이나 단가를 알게 되고, 직접 만든 요리의 레시피를 파일로 정리해 두면 새로운 메뉴를 개발할 때도 도움이 된다.

5. 쓸데없는 일 줄이기와 효율화에 도움이 된다

레시피를 계속 만들다 보면 채소의 껍질 등 버리는 부위를 다른 요리에 이용할 아이디어가 떠오를 수 있다. 또한 같은 비율로 조합한 양념이 여러 종류의 요리에 사용되는 것을 알게 되면, 기본양념을 미리 만들어 두는 등 조리의 효율화를 꾀할 수 있다.

뒤이어 신보 선생이 다음과 같이 말했을 때는 스태프 모두의 눈이 반짝였다.

"이 가게의 원가율이 30%라고 들었지만, 실제로 보기에는 그보다 더 낮아 보이고 가격에 비해 요리의 값어치도 낮아 보입니다.

마츠타케 주방장이 작성한 레시피

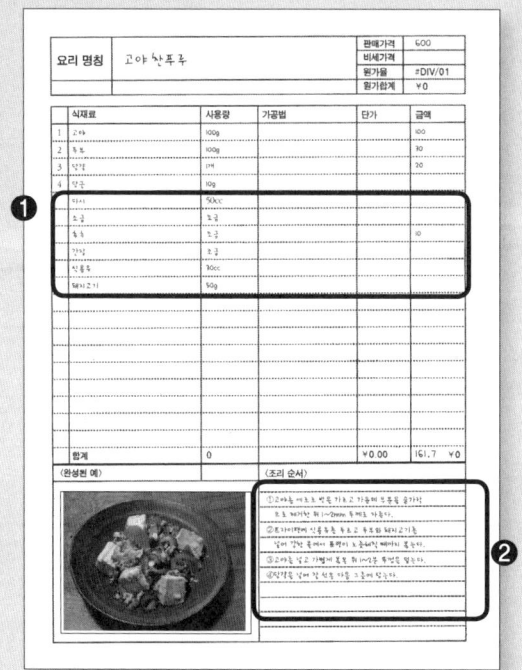

- **체크 포인트!**
  ① 양념류의 원가가 너무 두루뭉술하다. 양념류는 의식하지 못하는 사이에 원가를 잡아먹는 일이 많기 때문에 가능한 한 철저히 계산하자.

  ② 일반 소비자 타깃의 요리책처럼 만드는 법이 처음부터 끝까지 쓰여 있다. 그러나 주방 현장에서는 어느 정도까지는 준비를 해두고 주문을 받은 뒤에 완성하는 경우가 많을 것이다. 준비 단계에서 할 일과 주문이 들어온 뒤에 할 일을 나누어 정리해 두면 보다 효율적이다.

- **레시피 작성 효과**
  새삼스럽게 양념류의 양을 재면서 음식을 만들자니 레시피 한 장을 만드는 데도 의외로 많은 시간이 걸렸습니다. 하지만 레시피를 만들어서 주방에 붙여 놓자 스태프 모두가 레시피를 먼저 보고 확인하는 덕에 이전처럼 하나에서 열까지 가르치는 일이 줄어들었습니다. 면 요리는 반 년 정도 시간을 들여서 레시피를 완성할 예정입니다. – 마츠타케(주방장)

  준비 작업을 하다 분량을 깜빡했을 때 레시피를 보면 금방 생각나기 때문에 편해졌습니다.
  – 카네시마(주방 직원)

그나마 오키나와라는 지역에서 사미센 라이브와 오키나와 전통 요리를 간판으로 내걸고 있어서 손님들이 오는 것이고, 임대료나 인건비가 싸니까 어떻게든 이익을 내고 있는 것입니다. 하지만 이 가게를 다른 지역에서 운영한다면 어떨까요? 다른 곳에서도 똑같이 성공할 수 있을까요? 여기에는 좋은 대답을 하기 어렵네요. 원가가 30% 미만이라면 음식 단가를 조금 낮추어 상대적으로 요리의 값어치를 올리는 것은 어떨까요? 이런 상황을 정확하게 판단하기 위해서는 레시피가 있어야 합니다. 정확한 레시피는 원가 산정의 기준이 되기 때문입니다."

제안2 준비용 레시피와 주문용 레시피로 나누어 작성하라
요리 사진을 첨부하여 한눈에 알 수 있게!

   그렇다면 실제로 레시피를 만들 때는 어떤 점에 유의해야 할까? 중요한 포인트는 다음의 세 가지다. 첫 번째는 사용 원료에 대한 제품의 수율이나 양념류의 분량까지 고려하여 철저하게 원가를 산출하는 일이다. 신보 선생은 말한다.

"주먹구구식으로 하다 보면 막연히 생각했던 것보다 더 많은 원가가 드는 경우가 많습니다."

   두 번째는 준비용 레시피와 주문 이후의 레시피를 나누는 일이다. 신보 선생은 다음과 같이 강조한다.

"레시피를 두 가지로 만들어 두면 각 단계에서 할 일이 명확해져 주방 업무의 혼란을 피할 수 있습니다."

준비용 레시피와 주문용 레시피 작성 예시

● 준비용 레시피

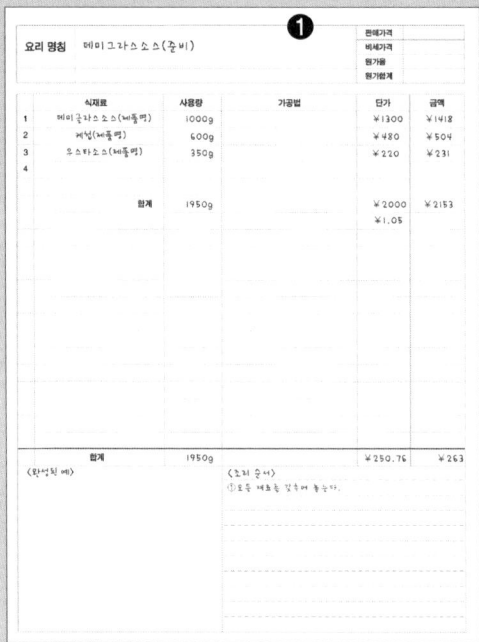

준비용 레시피에는 준비 단계에서 해놓을 일만 기재(위). 데미글라스소스나 다시 등 직접 만든 소스도 별도의 레시피를 만들어 둔다(오른쪽).

● 양념 레시피

* 레시피는 분야별로 정리
완성된 레시피는 튀김류, 조림류 등 분야별로 정리해 둔다.

● 주문용 레시피

주문용 레시피는 주문을 받은 다음 부터 해야 할 작업을 기재한다(위). 접시에 담은 요리 사진을 첨부해 두면 마지막 체크를 할 수 있어 편리하다.

① 레시피는 두 종류를 만든다
준비용과 주문용으로 나누어 두면, 준비 단계에서 해야 할 일과 주문을 받은 다음부터 해야 할 일이 명확해진다.

② 사진을 첨부한다
요리가 나갈 때 마지막 체크의 기준이 되므로 사진은 꼭 붙여 둔다. 김이나 단무지 같은 반찬 종류도 사진이 있으면 장수나 개수 확인에 도움이 된다.

③ 사용 원료에 대한 제품의 수율을 고려한다
1kg 1,000엔 하는 식재료를 100g 사용할 경우, 원가를 100엔이라고 생각하기 쉽지만, 실은 그렇지가 않다. 사용하는 게 60%이고 버리는 게 40%인 식재료의 경우는 600g=1,000엔으로 계산해야 한다.

④ 가격은 원가율로 정하지 않는다
판매 가격은 '원가가 ○엔이니까 원가율을 30%로 하려면 ○엔'이라고 정할 것이 아니라, '나라면 이 음식에 얼마를 낼까'를 기초로 생각하자.

⑤ 환산표를 준비한다
조미료별로 원가를 계산한다. 500g에 600엔 하는 상품이라면 1g당 1.2엔. 이렇게 1g당 가격을 만들어 두면 편리하다.

⑥ 양념 레시피도 별도로 만든다
조리용 레시피와는 별개로 양념이나 다시 레시피도 만들어 놓는다. 비슷한 재료를 사용하는 양념이 여러 종류 있으면, 베이스의 분량을 정해 놓고 '조림의 경우에는 설탕을 ○g 추가, ☆의 경우에는 간장을 ○g 추가' 하는 식으로 활용하면 효과적이다.

세 번째는 레시피에 요리 사진을 첨부하는 일이다. 예를 들면, 〈앗 파리샹〉의 오키나와 메밀국수에는 어묵을 자르는 법이나 고명의 배치에도 원칙이 있다. 이런 것들은 눈으로 직접 보고 확인할 수 있게 하는 것이 가장 좋은 방법이다.

"요리의 원칙을 공유하기 위해서는 주문용 레시피에 사진을 붙이는 것이 가장 좋습니다. 그것을 기준으로 음식을 담아내는 담당자나 홀 스태프가 체크하는 것이지요. 주방 스태프가 새로 오더라도 먼저 레시피를 보게 한 다음 모르는 부분에 대해 질문을 하게 하는 것이 좋습니다."

신보 선생의 이야기를 끝까지 들은 마츠타케 주방장이 주방 직원들과 함께 레시피를 만들어 본 것이 앞(38페이지 참고)에 있는 레시피다.

"양념류의 분량을 일일이 재는 등 힘든 작업이기는 했지만, 만들어 놓고 보니 다른 스태프들의 질문이 줄어들어 오히려 부담이 가벼워졌다"고 말하는 마츠타케 주방장. 마츠타케 주방장이 만든 레시피는 준비용과 주문용으로 나누어져 있지 않는 등 아직 약간의 문제점은 남아 있지만, 레시피를 작성한 효과는 분명히 있었다고 한다.

전문가 상담을 받고 나서

기록의 중요성을 실감하고,
매뉴얼 작성에도 착수했습니다

처음에는 신보 선생님의 말씀을 잘 알아듣지 못했습니다. 하지만 구체적인 설명을 들으며 숫자에 강해져야 한다는 의미에서도, 어떤 식으로든 데이터를 남겨서 나중에 전략을 짤 때 활용하기 위해서도 레시피 등의 기록을 남기는 것이 아주 중요한 일이라는 것을 절감하게 되었습니다.

저 역시 지금 가게는 운이 좋아 흑자를 내고 있지만, 지점도 잘되리라는 보장은 없다고 생각하고 있었습니다. 신보 선생님께서 지적하신 내용들은 막연하게나마 저도 느끼고 있었던 것입니다. 하루하루 바쁘게 지내다 보니 시간을 내는 것이 쉽지는 않지만, 이제부터는 요리 레시피뿐만 아니라 음료의 레시피, 날씨나 이벤트를 기록한 일지 등 기록 만들기에 충실해 보고자 합니다. 참고가 될 데이터도 없이 2호점을 냈더라면 분명 큰 어려움을 겪었을 것입니다.

기록 만들기의 일환으로 최근에는 개점할 때와 폐점할 때 '꼭 해야 할 일 리스트'를 만들기 시작했습니다(다음 페이지 참조). 지금까지는 홀 스태프가 새로 들어올 때마다 처음부터 설명하지 않으면 안 되었는데, 이런 리스트가 정리되면 직원 교육에 시간을 뺏기는 일도 줄어들겠지요.

일관성 있게 음식을 담아내기 위해 사진을 활용하라는 어드바이스도 제 눈을 번쩍 뜨이게 만들었습니다. 이번에는 레시피를 종이에 적었지만 점차 데이터화하여 컴퓨터로 관리할 예정입니다.

🔔 상담 이후 경영 상황

전문가 상담을 받은 뒤로 주방 직원들이 레시피와 매뉴얼 작성에 긍정적인 자세로 협조하게 되었습니다. 그래도 아직 완전히 정착했다고는 할 수 없습니다. 이후에도 장기간의 과제로 삼고 착실하게 실천해 나갈 예정입니다.

〈OPEN 준비〉 홀

1. 화장실 청소(화장지, 양초 보충 등 포함)
2. 청소기 돌리기
3. 테이블과 카운터 닦기
4. 젓가락, 냅킨 등 보충
5. 음료수(차, 물 등) 준비
6. 예약 확인 및 테이블 세팅
7. 밑반찬과 물수건 준비
8. 꽃, 담배, 우유 등 장보기
9. 계단, 선반, 식박장 닦기
10. 냉난방(온도 조절)
11. 술 주문, 그 외 소모품 발주
12. 매장 내 음악 확인
13. 미팅(추천 요리, 절품 요리 확인) 입구 간판
14. 17:30 개점

홀 스태프가 만든 개점과 폐점 시의 작업 리스트. 이것을 시작으로 홀 작업 매뉴얼 만들기도 진행할 예정이다.

〈CLOSE〉 홀

1. 설거지거리 정리
2. 음료수 등 냉장고 정리
3. 테이블, 카운터 닦기
4. 개수대 청소
5. 세정기 청소
6. 화장실 2층, 3층 쓰레기 버리기
7. 매장 내외 음악, 조명 끄기
8. 사용한 방석 정리하기
9. 맥주 서버 세정
10. 내일 예약 확인
11. 스태프 일지 쓰기
12. 금고(계산기)의 돈 계산하기
13. 매입가 계산
14. 모두 확인한 다음 문 잠그고 종료
15. 1:00 (폐점)

매출 정체로
이익이 늘지 않는다

> 🧑 **어드바이저** : 이노사와 다케시
> 📋 **제안1** 네 개의 지표로 상품에 점수를 매겨라
> 📋 **제안2** 메뉴판은 주력 상품 순으로 재구성하라
> 📋 **제안3** 인터넷 판촉을 활용해 신규고객을 확보하라
>
> 🍲 **성과** 원가율이 낮은 메뉴로 유도하여 이익을 끌어올리고 있다

와카야마 시의 아담한 주택가에 자리하고 있는 고깃집 〈야키니쿠 히로〉 일본산 흑소 등 질 좋은 쇠고기를 사용하고 있어, 고기에는 강한 자부심을 가지고 있다. 가게를 찾는 것은 주로 가족 손님과 커플 손님, 중장년의 부부들이다. 이 고깃집이 문을 연 것은 2008년 1월. 세계적인 불황과 더불어 매상이 떨어지기 시작해서 2009년에는 전년 대비 70% 가까이 떨어졌다.

매상을 회복하기 위해 고민하던 쿠마시로 사장은 음식점 컨설턴트의 책을 읽고 복권 앙케트를 고안해냈다.

〈야키니쿠 히로〉는 단골이 80%를 넘는 지역 밀착형 가게다.

이 복권은 가게를 방문한 고객에게 무료로 나눠주는 것으로, 손님이 1부터 30까지 좋아하는 숫자를 하나 쓰면 2개월에 한 번 집계하여 선택한 사람이 가장 적은 숫자를 쓴 사람이 당첨되는 식이다. 규칙이 간단하고 집계 방식도 쉬워서 대부분의 고객이 참여하고 있다. 이 앙케트를 기초로 하여 고객이 방문한 다음날에는 빠뜨리지 않고 감사장을 보내고 있다.

지금까지 모은 고객 정보는 약 800건에 달하며, 이제는 손님의 80% 이상이 재방문객이다. 그중 10%는 지금까지 10회 이상 방문해 준 단골이다. 이렇게 계속된 노력의 결과, 2010년에는 전년 대비 123%까지 매상을 회복했다.

하지만 쿠마시로 사장은 알 수 없는 불안감을 떨쳐내지 못했다.

"단골손님이 계속 늘어 올해도 매상은 늘어날 것 같습니다. 그러나 같은 일을 계속 하다 보니 매너리즘에 빠질 것 같아 불안합니다."

단골이 있어서 가게의 실적은 순조롭지만, 쿠마시로 사장은 오픈 이래 한 번도 쉰 적이 없다. 그만큼 '여유 없는' 운영이 계속되고 있다는 얘기다. 여기서 한 발 더 나아가 매상을 올리고 이익을 늘리기 위해서는 어떻게 해야 할지 쿠마시로 사장은 깊은 고민에 빠져 있다.

📔 제안 1 네 개의 지표로 상품에 점수를 매겨라
원가율을 기반으로 메뉴를 재정비하라

〈히로〉의 메뉴는 76종류나 된다. 고깃집치고는 많은 편이다. 메뉴판에 없는 상품이라도 손님이 요구하면 메뉴에 추가하기를 반복한 결과 이렇게 늘어난 것이다.

더 큰 문제는 쿠마시로 사장이 자기 가게의 원가율이 얼마나 되는지를 전혀 파악하고 못하고 있다는 것이었다. 어드바이저인 이노사와 선생은 '원가율을 파악하고, 그것에 기반을 두고 모든 메뉴를 재검토하기'를 권했다.

이노사와 선생이 제안한 방법은 원가율, 상품력, 인기도, 제공 스피드 등의 네 개 항목을 3단계로 평가하는 것이다. 평가는 35% 이상은 0점, 20~35% 미만은 2점, 20% 미만은 4점 등으로 점수화한다. 〈히로〉의 경우, 가게 전체의 원가율이 35%라는 점을 고려하

	판매가	원가	원가율	원가율	상품력	인기도	스피드	①합계	②원가 중시
대패삼겹살	550	***	**%	0	2	0	2	4	4
삼겹살	580	***	**%	0	4	2	4	10	10
곱창	480	***	**%	2	4	4	4	14	16
염통	380	***	**%	4	4	2	2	12	16
닭가슴살	380	***	**%	4	4	2	4	14	18

● 표를 이용하여 상품을 평가한다

상품은 네 개의 지표를 3단계로 점수 매기면 비교하기 쉽다. 이번에는 특히 원가율에 주목하고 싶었기에 합계점(①) 외에 '원가율'의 점수만 두 배로 하여 총체적인 점수(②)도 내보았다.

1장 요리에 부가가치를 더해라 **47**

여 점수를 매기게 되었다. '상품력'은 사장의 주관이나 소신으로 점수를 주어도 좋다. 냉동 식재료를 사용하고 있으면 0점, 직접 만든 제품으로 고객에게 꼭 권하고 싶은 음식이라면 2점, 하는 식으로 점수를 매기는 것이다.

'상품력'의 항목은, 상품에 자부심을 갖고 있는 사장이라면 거의 대부분 고득점이 될 것이다. 때문에 주문 수량으로 판단하는 '인기도'로 평가 밸런스를 맞춘다. 손님의 평가를 냉정하게 판단하여 점수를 매기는 것이 중요하다. '제공 스피드'는 주문을 받고 나서 주문한 음식이 나오기까지의 시간을 빠름, 보통, 느림의 3단계로 나누어 평가한다. 네 항목의 점수를 합하는 것으로 실적에 기여하고 있는 메뉴와 폐지해야 할 메뉴가 무엇인지 알게 된다.

〈히로〉의 과제는 매상에 비해서 이익이 남지 않는다는 것. 때문에 총합계에 대한 원가율의 중요도를 높이기 위해 원가율의 점수를 두 배로 주고 집계하여, 20점 만점 중 16점이나 18점 같은 고득점 메뉴에 주목하기로 했다. 그러자 고득점 메뉴들 중에서도 주문 수량에 차이가 있는 것을 알게 되었다.

예를 들면 '닭가슴살'과 '염통'은 주문 수량은 적지만 원가율이 낮아서 16점이라는 점수를 얻었다. 이는 원가율은 20%대로 보통이지만, 주문 수량이 훨씬 많은 '곱창'과 같은 점수다. 이런 과정을 거쳐 이익률이 높은 메뉴 중에서도 주문 수량이 더 늘어날 여지가 있는 메뉴를 재확인할 수 있었다.

이렇게 해서 사장의 자부심과 고객의 인기도를 반영하여 점수를 매겨 보니 주력으로 팔아야 할 상품이 명확해졌다.

"이런 방법으로 모든 메뉴를 점검해 나가면, 어떤 가게라도 2% 정도의 원가율은 바로 떨어뜨릴 수 있습니다."

이노사와 선생의 설명이다. 자신 있게 내놓던 쇠고기뿐만 아니라, 이익률이 높은 상품을 손님에게 자연스럽게 권하는 것이 매상을 올리는 비결이라는 얘기다.

제안2 메뉴판은 주력 상품 순으로 재구성하라
팔아야 할 상품을 눈에 띄게 드러내라

가게의 자랑이었던 쇠고기 메뉴는 이노사와 선생이 제안한 평가법으로 보면, 8점이라는 낮은 점수를 얻었다. 주문 수량은 많지만 국산우를 사용하고 있어서 원가가 비싸기 때문이다.

이익을 늘리고 싶다면 육질을 떨어뜨린다든가 분량을 줄이면 될 일이지만, 쿠마시로 사장은 그것을 싫어했다. 고객들의 만족도가 떨어지기 때문이다.

그렇다면 쇠고기 상품에 손을 대지 않고 이익률을 높일 방법은 없는 걸까? 고민 끝에 고안해 낸 방법은 돼지고기와 닭고기, 내장 등 세 종류에 대한 판촉을 강화하는 일이었다. 이들 세 종류의 주문 수량을 늘려서 상품 전체의 이익률을 끌어올리자는 것이다.

제일 먼저 개량에 착수한 것은 메뉴판을 재검토하는 일이었다. 이노사와 선생은 "메뉴판에서 돼지고기와 닭고기 부분을 지금보다 더 쉽게 눈에 띄도록 배치해야 합니다"라고 조언했다. 사실 지금까지는 '돼지고기&닭고기'의 카테고리에 네 개의 상품밖에 없었다. 그것을 보강하기로 결정, '삼겹살'과 '돼지고기 생강구이' 같은 파생상품을 더해 8개 품목으로 확충했다. 게다가 메뉴판에서의 위치도 왼쪽 페이지 한가운데에서 오른쪽 윗부분으로 옮겨 '추천 돼지고기&닭고기'라는 한 줄의 카피를 곁들여 고객의 눈길을 끌도록 했다.

내장 카테고리도 보다 눈에 띄는 위치인 오른쪽 페이지의 왼쪽 상단으로 옮겼다. 카테고리 안에서 원가율이 낮은 '염통'은 '추천'이라는 아이콘을 붙여서 고객의 시선을 끌도록 만들었다. 이 작전이 성공! 메뉴판 개정 전에는 주문 수량이 평균 3품목이었으나, 개정 직후 일주일 동안 8품목으로 늘어났다. 원가율이 10%대로 낮은데다 고객에게 인기도 높은 '쌈배추'와 '콩나물무침' 같은 것은 사진을 게재하는 것으로 고객의 이해도를 높였다.

개정 전 '쌈배추'는 12품목의 '채소&샐러드' 카테고리 안에 한

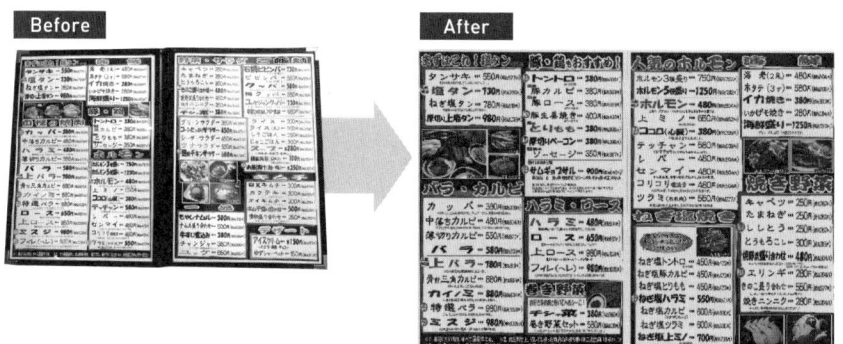

● 주력 상품 카테고리는 크게, 윗부분에 게재한다
이익률이 높은 돼지고기&닭고기, 내장 카테고리는 이전보다 크게 만들어 윗부분에 눈에 띄도록 나누어 배치했다. 고기 상품 옆에는 쌈채소 카테고리를 만들어서 고기와 함께 쌈배추를 주문하도록 유도했다.

줄로 기재되어 있어 다른 채소들 사이에 묻혀 있었다. 그러나 지금은 사진을 게재하고 쌈채소 카테고리를 따로 만들어 '쇠고기'와 '돼지고기&닭고기' 카테고리 옆으로 옮겨 놓자, 쿠마시로 사장이 의도한 대로 고기류를 주문한 손님들이 "쌈배추도 같이 주세요!"라고 덧붙이는 빈도가 높아졌다.

제안3 인터넷 판촉을 활용해 신규고객을 확보하라
신규고객을 확보해 단골로 만들어라

"이 가게는 단골손님이 많습니다. 실적을 더 올리고 싶다면 신규고객 확보에 나서야 합니다."

이노사와 선생은 저렴한 비용으로 효과를 볼 수 있는 인터넷 판촉을 추천했다.

전문가 상담을 받고 난 2주일 뒤, 쿠마시로 사장은 쿠폰 공동 구입 사이트를 이용하여 300장의 쿠폰을 판매했고, 두 달 만에 150장의 쿠폰을 회수했다. 쿠폰을 이용한 신규고객의 대부분이 앙케트에 응답해 주었기 때문에 새로운 고객 정보도 입수할 수 있었다. 그중에는 그 사이에 매장을 다시 찾아준 손님도 있었다. 이에 힘입어 쿠마시로 사장은 신규고객의 재방문을 활성화하겠다며 의욕을 불태우고 있다.

😊 전문가 상담을 받고 나서

원가절감에 대해
다시 생각하게 되었습니다

고기류는 계절 특선이나 대표 메뉴로 가게의 특색을 드러내기에는 어려운 식재료입니다. 또한 유명 국산우를 사용하는 등 뛰어난 품질로 승부해야만 하기 때문에 원가율이 높은 것은 어쩔 수 없는 일이라고 단념했던 부분도 있습니다.

그렇지만 실제로 모든 메뉴를 재검토해 보니, 제가 어떻게 하느냐에 따라 주문을 유도할 수도 있고, 전체적인 원가율을 낮출 수도 있다는 사실을 알게 되었습니다. 지금 준비하고 있는 메뉴는 돼지고기&닭고기의 비율을 늘린 2,400엔 코스입니다. 원가율은 30% 정도로 생각하고 있습니다.

이전에는 인터넷 판촉을 하면 어떤 손님이 올지 불안했습니다. 그런데 실제로 해보니 이용해 주신 신규고객의 대부분이 상권 안에 있는 주민들이었습니다. 전단지 배포보다 훨씬 효과가 높은 것 같습니다. 확보한 고객 정보는 소중히 관리해서 이후에 다시 방문해 주시도록 노력할 생각입니다.

🍚 상담 이후 경영 상황

2011년의 매상은 전년 대비 108%의 수준이었지만, 현재의 월 매상은 200만 엔으로 순조롭습니다. 근처의 고깃집이 재단장을 하고, 자동차로 20분 정도의 거리에 있는 쇼핑센터에 대형 고깃집의 체인점이 들어오는 등 경쟁은 날로 심해지고 있습니다. 폭넓은 고객의 필요에 응하기 위해, 닭고기와 돼지고기 외에도 내장류 등을 사용한 메뉴를 늘려 이 상황을 뛰어넘을 생각입니다.

제2장
고객을 끌어 모으는 아이디어

2호점을 냈지만 1호점에 비해 고객수가 늘지 않는다

🍳 **어드바이저** : 오쿠보 카즈히코

📝 **제안 1** 혼자 먹을 수 있는 메뉴로 솔로 고객을 확보하라
📝 **제안 2** 하나의 재료로 메뉴를 전개하여 기억에 남는 가게로
📝 **제안 3** '식당'이라는 글자로 가게의 문턱을 낮춰라

🍲 **성과** 객단가와 고객수가 늘어서 월 매상이 25% 상승했다

　인근 유명 프랑스 레스토랑의 2호점이라는 간판을 걸고 작년 2월에 오픈한 〈후 벨〉. 1호점은 예약을 하지 않으면 테이블을 얻기도 어려운 인기 레스토랑으로, 2호점의 콘셉트는 1호점보다 조금 더 캐주얼한 느낌을 살리는 것이었다.

　고객층은 40~50대의 지역 주민이 중심으로, 일주일에 한 번 정도 찾아주는 단골도 생겼다. 문제는 낮과 밤을 통틀어 손님 수가 열 명 이하인 날도 적지 않다는 점이다. 개점 직후 얼마간은 월 매상이 120만 엔을 넘었지만, 여름부터는 100만 엔 전후로 떨어지

● 매장은 역에서 대각선 방향
매장은 전철역 바로 앞에 있으나 그리 눈에 띄지 않고, 어떤 가게인지도 알아보기 어렵다.

● 요리는 볼륨 만점
가장 인기 있는 '제비추리 레드와인 조림'. 채소도 많고 양도 넉넉하다.

고 말았다.

메뉴는 철판요리를 메인으로 하여 가볍게 즐길 수 있는 요리를 제공하고 있다. 치바와 후쿠시마의 농원에서 유기농으로 재배한 채소를 들여오고, 제비추리라는 쇠고기의 희소 부위를 사용하는 등 식재료도 까다롭게 고르고, 요리의 볼륨감도 중시한다. 메인 요리 외에 1,000~1,500엔의 전채요리도 구비되어 있어 선택의 폭도 다양하다.

어드바이저인 오쿠보 선생은 다음과 같이 운을 뗐다.

"맛은 아주 충실하군요. 안심하고 추천할 수 있는 요리입니다. 단지 주요 고객층이 40~50대라는 점을 생각하면, 이 요리는 양이 너무 많습니다."

양을 조금 줄이고 질을 높일 것을 제안한 것이다. 또한 오쿠보 선생은 기억에 남는 임팩트 있는 메뉴가 부족하다는 인상을 받았다고 밝혔다.

제안 1 혼자 먹을 수 있는 메뉴로 솔로 고객을 확보하라
한 접시로 충분한 메뉴를 내세워라

음식 양이 많다고 지적한 오쿠보 선생은 다음과 같이 덧붙였다.

"재료에 충실한 것도 좋지만, 요즘은 대부분의 음식점에서 좋은 재료를 쓰기 때문에 식재료를 가게의 특징으로 내세우기는 어렵습니다. 그것보다는 같은 고기라도 소금구이와 양념구이를 비교해서 먹어 볼 수 있다는 식의 내용상 임팩트를 만드는 것이 중요합니다."

그는 역 앞이라는 입지 조건을 살려서 혼자서 식사하는 손님도 노려 볼 만하다고 지적한다. 그러기 위해서는 '리조또나 파에리야처럼 혼자서 간단하게 먹을 수 있는 메뉴를 마련해서 입구에서 어필하는 것이 좋다'고 어드바이스했다. 식사를 하러 왔다고는 해도 식사만 주문하는 사람은 적고, 일단 매장에 들어오면 음료나 가볍게 술 한 잔 하는 경우가 많기 때문이다. 입구의 식사 메뉴는 충동적으로 들어오는 손님들을 유혹하는 역할을 한다.

모리 사장은 오쿠보 선생의 진단을 받은 2주일 뒤 곧바로 새로운 메뉴를 도입했다. 하나는 혼자 온 고객용으로 만든 '돌솥 파에리야 덮밥'이다. '두 입 오르되브르'와 커피를 세트로 한 메뉴(2,950엔)도 혼자 온 고객을 위해 준비했다. 주문은 이틀에 한 번 정도지만, 혼자 온 여성 고객이 이 메뉴를 먹는 모습을 종종 볼 수 있게 되었다고 한다.

또 하나는 재단장하여 임팩트를 준 '제비추리 레드와인 조림'이다. 뜨겁게 달구어 쌓아 올린 돌 위에 요리를 올리고, 손님의 눈앞

● 솔로 고객용으로 만든 새로운 메뉴
'돌솥 파에리야 덮밥' 혼자 오는 고객을 위해 만든 메뉴. '덮밥'이라고 이름을 지어 혼자 먹을 수 있는 요리라는 이미지를 강조했다. 입구의 간판에도 크게 광고하고 있다. 가격은 2,200엔.

● 대표 메뉴의 임팩트를 강조
'제비추리 레드와인 조림' 달군 돌을 쌓아 담고, 거기에 허브티를 붓는 것으로 소리와 향을 일으켜 주목받는 메뉴로 만들었다. 가격은 400엔을 올린 2,800엔.

에서 로즈마리 차를 부어 김과 향, 소리로 오감을 자극한다. 아직까지 주문 수에 별 차이는 없지만, 한 테이블에 메뉴가 나가면 다른 테이블의 이목을 집중시켜 주문이 이어지는 일도 많아졌다.

제안2 하나의 식재료로 메뉴를 전개하여 기억에 남는 가게로
양배추 전문점을 목표로!

다음으로 오쿠보 선생이 제안한 것은 "무언가 하나는 스토리가 있는 메뉴를 만듭시다"였다. "
예를 들면, 양배추절임을 여러 가지 요리에 함께 담아내는 것도 하나의 방법입니다."
이 가게의 이름인 〈후 벨〉은 '녹색 언덕'이라는 뜻으로, 역 이름인 '녹색 언덕'과 똑같다. 그렇다면 '녹색'의 무언가로 명물을 만들면, 어필하기도 쉬워진다는 얘기다.

"메뉴에 육류요리가 많으니까 그런 메뉴에 양배추절임을 함께 내면 어떨까요? 물론 별도 메뉴로 판매할 수도 있지요. 여기에 다양한 양배추 요리를 선보이면 '양배추 전문점'으로 인식되어 매출 상

새로운 디저트 '녹색 언덕 롤'은 거의 대부분의 고객이 주문하고 있다.

승을 기대할 수 있습니다. 또한 '녹색 요리'를 늘리는 것도 좋을 것입니다. 피망이나 그린 토마토 같은 녹색 채소를 이용한 '녹색 언덕 파에리야'라든가, 반죽에 녹색 채소를 첨가해 '녹색 언덕 롤' 같은 음식도 만들 수 있겠지요. 이러한 특징이 있으면 전단지 같은 데서도 광고하기 쉽습니다. 말하자면, '그 양배추 집', '저 녹색 요리 집'이라는 식으로 임팩트를 주는 겁니다. '대박집'에는 반드시 이야깃거리가 되는 메뉴가 있습니다."

오쿠보 선생의 말을 듣고 있던 모리 사장의 눈빛이 빛났다.

"아하! 고객들의 인상에 남는 메뉴가 필요하다 이거군요."

그렇게 해서 만든 새 메뉴가 '녹색 언덕 롤'이라고 이름 붙인 디저트다. 피스타치오를 넣은 녹색 크레페에 소금푸딩을 말았다. 소금푸딩은 이토 주방장이 요리 경연에서 입상한 메뉴로, 그 또한 하나의 세일즈 포인트가 될 수 있다. 이 내용은 칠판에도 크게 써서 홍보하고 있다.

그 결과, 새로 만든 디저트도 성공하고 객단가도 500엔 정도 늘었다. 고객수도 늘어나 새로운 메뉴를 투입한 다음 달의 월 매상

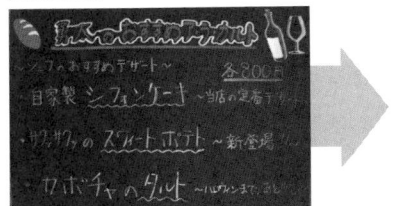
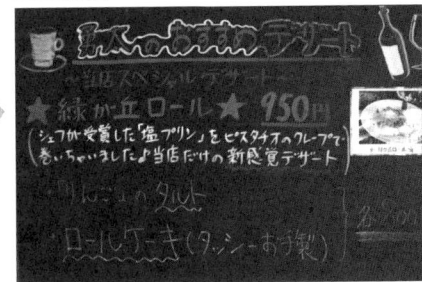

● 칠판에도 대표 디저트를 강조
디저트를 소개한 매장 내의 칠판. 이전에는 평범한 메뉴판에 불과했지만, 지금은 새로운 메뉴를 크게 부각시켰다. 사진과 설명을 곁들여 눈길을 끈다.

은 약 30만 엔이 올라간 150만 엔으로, 25% 늘어난 셈이다.

제안3 '식당'이라는 글자로 가게의 문턱을 낮춰라
프랑스 식당이라는 것을 한눈에 알 수 있게!

〈후 벨〉은 역의 개찰구에서도 보이는 좋은 입지 조건을 지녔다. 하지만 오쿠보 선생은 이 가게가 입지적 장점을 충분히 살리지 못하고 있다고 지적한다.

"많은 사람들이 볼 수 있는 위치에 있으면서도 지금까지는 뭐 하는 곳인지 알기가 어려웠지요. 조금 문턱을 낮추어 누구나 쉽게 들어갈 수 있는 곳이라는 사실을 어필해야 합니다. 어딘가에 '식당'이라는 글자를 써 넣으면 들어가기 쉽다는 이미지를 표출할 수 있습니다."

오쿠보 선생은 다음과 같이 덧붙였다.

"2층으로 올라가는 계단 입구에 지붕을 만들면 좀 더 음식점다

▲얼핏 보면 사무실처럼 보인다.

▶'프랑스 식당'이라는 글자와 전구 장식으로 고객의 시선을 사로잡는다.

운 분위기를 연출할 수 있습니다. 간판도 지금보다 더 크게 하고, 창문 정면에 '프랑스 식당'이라고 붙여 넣는 것도 좋겠지요. 글자를 조명으로 비추면 더욱 눈에 띄게 되어 고객의 마음을 사로잡을 수 있을 겁니다."

모리 사장은 오쿠보 선생의 지적에 고개를 끄덕이면서도 "간판의 크기는 계약상 더 이상 크게 만들 수 없어요"라며 곤혹스러운 얼굴을 했다. 오쿠보 선생은 오히려 모리 사장을 격려했다.

"하긴 세입자들은 간판이나 천장 설치를 마음대로 변경할 수 없지요. 건물주에게 얘기해 봐서 안 된다고 하면, 가능한 범위 안에서 어떻게 해서든 '어떤' 가게인지 업종을 드러내서 손님들이 조금이라도 쉽게 들어올 수 있는 분위기를 만듭시다."

오쿠보 선생의 어드바이스를 받아들인 모리 사장은 3주일 뒤에 '프랑스 식당'이라는 글자를 창문에 붙이고, 전구 장식도 달았다.

"건물주에게 타진해 보았지만 역시 간판을 키우는 것이나 입구에 지붕을 만드는 것은 안 된다고 하네요. 그래도 이렇게 창문에 글자를 붙인 것만으로도 꽤 달라진 것 같습니다."

전문가 상담을 받고 나서

전문가의 조언을 통해
'밖에서 보는 눈'을 뜨게 되었습니다

'배불리 먹이고 싶다'는 생각에 요리의 양을 넉넉하게 한 것인데, 다 먹기가 힘들 정도라면 오히려 애초의 의도를 해친다는 것을 알게 되었습니다. 또한 '조금만 더 먹고 싶다'는 여지를 남겨 놓아야 다음 방문으로 이어질 수 있다는 사실을 깨달았습니다. 이후 전체의 10% 정도, 눈으로 보아서는 구별이 안 되는 정도의 양을 줄여 보았습니다. 또 손님에 따라 양을 조절하기도 합니다.

밖에서 본 인상이 '사무실 같다'는 지적에는 흠칫 했습니다. 창문에 '프랑스 식당'이라는 글자를 붙이자 손님들도 '분위기가 좋아졌다'고 입을 모았습니다.

'명물로 만들면 어떨까' 하며 아이디어를 주신 양배추절임도 만들어 보았는데, 그건 생각대로 되지는 않았습니다. 명물은 하루아침에 만들어지지 않는다는 것을 실감했습니다. 우선은 잘하는 부분부터 시작하려고 합니다.

앞으로는 이벤트도 해보려고요. 고객과 함께하는 지역문화탐방 같은 것을 기획해 볼까 생각중입니다. 그렇게 해서 지역 밀착형 가게로 키우고 싶습니다.

상담 이후 경영 상황

상담 이후 입구나 매장 안의 장식을 늘려서 활력이 느껴지는 가게를 연출하게 되었습니다. 요리나 디저트의 레벨 업에도 힘을 쏟고 있고요. 술을 마시는 고객을 위해서 안주 메뉴에도 신경을 써 보았습니다. 대표 디저트로 자리 잡은 롤 케이크 '녹색 언덕 롤'은 계속해서 호평을 받고 있습니다.

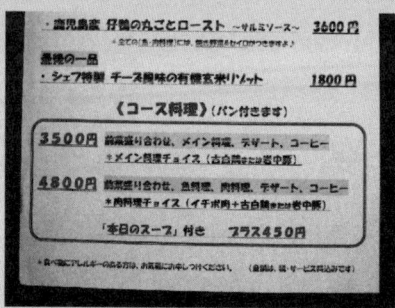

고액(4,800엔)의 코스도 새롭게 만들어, 조리법에 따라 고기의 맛을 비교할 수 있도록 했다.

배달 주문을 늘리고 싶다

🍽 **어드바이저 : 마에다 노리아키**
📋 **제안1** 전단지에는 우리 집의 '자부심'을 써 넣어라
📋 **제안2** 매상 상위의 고객 리스트를 만들어라
📋 **제안3** 아르바이트 직원과도 목표를 공유하라

🍲 **성과** 판촉 전단지와 DM 효과로 월 매상이 순조롭게 늘어나 지금은 280만 엔이 되었다

    소바집 〈아이치 가〉는 20년 이상 영업을 해왔지만, 최근 5년처럼 배달 주문이 줄어든 적은 없었다고 한다. 절정기에는 매상의 80%가 배달이었는데, 지금은 50%까지 떨어지고 말았다. 매장의 매상이 다소 늘어났기 때문에 전체 매상으로는 미세한 감소에 지나지 않지만, 이대로 배달 주문이 계속 하향세를 탄다면 문제는 심각하다. 어떻게 해야 배달 주문을 예전 수준으로 되돌릴 수 있을까? 이것이 현재 〈아이치 가〉의 과제다.
    배달이 줄어든 데 대해서는 매월 메뉴표에 직접 만든 캘린더를

효자 상품은 두 종류의 김을 토핑한 '이소지만(710엔. 사진 중)'. '미니 미소카츠동과 미니 소바 세트(850엔. 사진 하)'도 인기다. 소바(메밀국수)는 500엔부터로 가격대는 낮은 편이다.

끼워서 100명 정도의 고객에게 나누어 주는 대책으로 맞서 왔다. 그 외에도 근처의 주택지를 몇 개의 구역으로 나누어 순차적으로 전단지를 배포하고 있으나 눈에 보이는 효과는 없다고 한다.

"가게가 20년이나 이어져 왔다면 음식 맛은 괜찮다는 뜻이지요."

어드바이저인 마에다 선생이 입을 열었다. 마에다 선생은 '고객 수', '객단가', '이용 빈도'를 각각 조금씩 올리는 것으로 전체 매상을 올리는 방법이 효과적이라고 설명한다. 어떤 것 하나로 매상을 10% 올리는 것보다도 '각각 3%씩 올린다'고 생각하면 심리적으로도 부담이 낮다.

제안1 전단지에는 가게의 '자부심'을 써 넣어라
국물 만드는 법을 공개해 관심을 유도하라

배달이나 택배 비즈니스 판촉의 기본은 전단지다. 대기업 택배 체인과 같이 멋들어진 사진을 곁들인 전단지를 만들 수는 없지만,

다른 방법으로 어필할 수는 있다. 그것은 "할 수 없는 일, 단점을 역으로 자랑거리로 만드는 것"이라고 마에다 선생은 말한다. 예를 들어 〈아이치 가〉에서 인기 있는 '미소카츠'는 주방이 협소한 탓에 튀김기 대신에 중화냄비를 이용하고 있어서, 한번에 2인분밖에 만들 수 없는 것이 결점이다.

이런 결점을 마에다 선생은 역으로 해석해서 "하나하나 정성들여 튀기기 때문에 1일 10인분만 제공 가능!"과 같은 문구로 어필할 것을 제안했다. 이런 일은 키요시 사장 입장에서는 감추고 싶은 일일 수 있지만, 고객들에게는 흥밋거리일 수도 있고 오히려 신뢰를 줄 수도 있다.

"소바 국물 만드는 법을 처음부터 전부 써 내려가 보세요. 재료

〈아이치 가〉의 맛있는 국물 비법 키요시 사장이 매일 새벽 직접 만드는 국물 비법을 전단지에 공개해 '자부심'을 어필했다.

는 무엇을 쓰고, 불은 어떻게 조절하고……. 그런 것을 전단지에 공개하면 분명 '자부심'이 전해질 것입니다."

키요시 사장은 마에다 선생의 제안을 받아들여 바로 재료상에 전화를 걸었다. 그는 자신이 지금 사용하고 있는 식재료의 산지와 특징을 조사하고, 그런 다음 국물 만드는 법을 자세하게 써 내려갔다. 그의 아내는 마에다 선생의 조언을 받으면서 전단지를 만들었다.

"고객이 크게 반응하는 것은 '다시', '고기', '기름'과 같은 키워드입니다."

마에다 선생의 조언을 바탕으로 새로 만든 전단지에는 이런 단어들을 적어 넣었다. '가고시마현 마쿠라자키 산의 가츠오부시', '야쿠시마 산 고등어', '12개월 천천히 숙성시킨 깊고 부드러운 맛의 간장' 등등…….

이제까지의 전단지는 메뉴표 외에 '이달의 추천 메뉴 두 가지'를 작은 사진과 함께 소개한 것이 전부였다. 가게나 음식에 대한 '자부심'을 어필한 적은 없었던 것이다. 새로 만든 전단지는 이 가게가 음식 하나하나에 얼마나 큰 자부심을 갖고 있는지 충분히 드러내고 있다.

제안2 매상 상위의 고객 리스트를 만들어라
중요한 것은 감이 아니라 숫자다

"한 가게가 히트율이 90%인 고객 리스트를 만들었습니다. 어떻게 했을 것 같습니까?"

마에다 선생의 질문에 키요시 사장 부부는 고개를 갸웃거렸다. 답은 '새로운 판촉을 할 때마다 반응이 없는 고객 리스트를 삭제했기 때문'이었다.

마에다 선생이 이야기하고 싶었던 것은, 택배나 배달 비즈니스의 '생명선'은 고객 데이터이며, 데이터에 기반을 두고 판촉을 해야만 한다는 점이다. 또한 그 데이터는 항상 보완하지 않으면 안 된다.

"저희는 '이 집은 언제나 주문이 들어오니까'라고 생각하며 감으로 배포했는데……"라고 말하는 키요시 사장 부부에게 마에다 선생은 "먼저 배달 매상의 상위 500집을 리스트 업 해보세요"라고 조언했다.

키요시 사장 부부는 즉시 포스(POS) 시스템 영업소에 연락해서 고객 리스트를 확인할 방법을 물었다. 담당자가 가르쳐 주는 대로 조작하자 어렵게만 생각했던 매상 순위 고객 리스트를 의외로 간단하게 만들 수 있었다. 키요시 사장 부부는 힘이 빠지면서 '왜 이제까지 이런 생각을 못 했지?' 하는 생각이 들었다고 한다.

마에다 선생은 '일단 상위 500집'이라고 했지만, 키요시 사장 부부는 눈에 들어오는 대로 상위 250집을 먼저 선정했다. 그리고는 시간을 내서 이사나 폐점으로 떠나간 주민이나 회사를 리스트에서 지우는 보완작업도 하기로 했다.

제안3 아르바이트 직원과도 목표를 공유하라
성과 환원으로 자발성을 이끌어내라

전단지 배포에는 아르바이트생이 활약하고 있다. 어드바이스를 받은 뒤 정기적으로 스태프 전원 미팅을 갖기 시작했다.

〈아이치 가〉의 스태프는 키요시 사장 부부 외에 아르바이트생 다섯 명이 있다. 판촉 전단지를 돌리고 배달을 늘리는 일에는 그들의 협력이 필수적이다. 마에다 선생도 "사장이 혼자 전부 하려고 하면 시간이 부족해서 결국 할 수 없게 됩니다. 스태프의 힘을 잘 활용하는 것이 열쇠입니다"라고 조언했다. 선생의 조언에 따라 〈아이치 가〉는 스태프 전원을 모아놓고 미팅을 시작했다.

키요시 사장은 "우선 기존 고객들의 재방문에 주력한다. 그런 다음 새로운 고객을 개척한다. 이용 빈도와 고객 수, 객단가에 있어 최적의 균형을 찾는다"라는 새로운 방침을 설명했다. 월 매상이 3개월 연속으로 전년 동월 대비 20% 상승하면 시급도 올려 주겠다고 발표해 동기 부여를 꾀했다.

GW(Golden Week 일본의 대형 연휴) 직전, 〈아이치 가〉는 본격적인 판촉을 개시했다. 이번에 준비한 전단지는 키요시 사장의 자부심을 기록한 〈아이치 가〉의 맛있는 국물 비법'과 '메뉴표', '연휴 영업일 안내', '직접 만든 캘린더' 등 4가지다. 새 전단지는 매상 상위 250집에 배포되었다.

다음으로 캘린더를 제외한 3가지를 가게 주변의 2,200집에 배포했는데, 특히 지금까지는 크게 신경 쓰지 않았던 대형 아파트에 중점을 두었다. 총비용은 전단지 인쇄비 등을 포함한 3만8천 엔 정도가 소요되었다.

아르바이트생들도 대화를 통해 자발적으로 "배달이 늘어 바빠져도 주방이 무리 없이 돌아갈 수 있도록 우리도 일품요리 하나쯤은 만들 수 있도록 연습하자"고 합의했다.

전문가 상담을 받고 나서

회식 유치에도 적극적으로 나설 계획입니다

전문가 상담을 받은 것은 쉽게 만날 수 없는 기회였으므로, 반드시 성과를 올리겠다는 각오로 연휴 전에 스태프 전원이 출동하여 전단지를 배포했습니다. 결과는 전년 동기 대비 매상 12% 증가. 최근의 매상 현황을 생각하면 아주 만족스러운 결과입니다. 그러나 이에 만족하지 않고, 좀 더 분발하여 다음 단계로 나아가려 합니다.

'국물에 대한 자부심'을 적은 전단지는 남편이 손으로 적은 것을 제가 컴퓨터로 작업하여 마에다 선생님께 보여드리고 수정한 것입니다. 그 외에도 마에다 선생님께 '눈이 번쩍 뜨이는' 이야기를 많이 들었습니다. '신규고객보다는 기존 고객', '감이 아니라 데이터', '단점을 오히려 특별함으로', '상승가도일 때는 브레이크를 밟지 마라' 등의 말들은 깊이 새겨 큰 교훈으로 삼고 있습니다.

다음 달에는 법인 영업에도 착수할 예정입니다. '오전 11시까지 배달 주문을 하면 곱빼기가 공짜'라는 전단지를 배포할 생각입니다. 팩스로 DM을 보내는 것도 좋을 것 같습니다. 이후에는 설문지를 돌려 고객의 생일 같은 고객 정보도 수집하려고 합니다.

직원 미팅도 시작하길 정말 잘했다 싶습니다. 지금은 저희가 하고 싶은 일을 아르바이트생들도 아주 잘 이해하고 따라줍니다. 종종 미팅 시간에 "전단지에 약도를 넣읍시다"라든가 "학생을 대상으로 한 메뉴가 있었으면 좋겠어요." 같은 아이디어를 내기도 합니다. 직원 미팅은 매달 실시하고 있는데, 앞으로도 계속 해나갈 생각입니다.

기존 고객의 재방문율 향상에 어느 정도 성과가 나오면, 다음은 객단가의 개선과 신규고객 개척에 집중하려고 합니다. 객단가는 여름 계절 메뉴로 예전보다 조금 비싼 것을 넣어 볼까 하고, 지금부터 메뉴와 판촉 작전을 구상하고 있습니다. 그리고 신규고객 확보를 위해 가게 앞에 깃대를 세웠습니다. 깃대는 개인적으로는 별로 좋아하지 않는 아이템이지만, 광고 효과는 있을 것이라 판단했기 때문입니다.

최종적으로는 사진이 들어간 멋진 전단지를 돌리고 싶지만, 그것은 좀 더 미뤄야 할 것 같습니다. 어쨌든 비용이 늘어나니까요. 이 비용을 마련할 수 있도록 지금은 최선을 다할 생각입니다. 장기적으로는 넉넉한 홍보비 외에 '전 직원과 함께 떠나는 오키나와 여행'이 꿈입니다(웃음).

🍲 상담 이후 경영 상황

단골손님 리스트를 작성하여 DM을 보내는 일은 계속 하고 있습니다. 그 결과, 월 매상이 순조롭게 늘어나 지금은 280만 엔이 되었습니다. DM 덕분에 단골손님과의 결속력도 강해져서 동일본대지진 뒤에도 매상은 떨어지지 않았습니다.

송년회 시즌을 대비해
신규고객을 늘리려면?

🎩 **어드바이저** : 시로이와 오오키

📋 **제안1** 시식용 메뉴를 들고 방문 영업을 나서라
📋 **제안2** 정중한 배꼽인사로 좋은 인상을 남겨라
📋 **제안3** 등록회원을 두 종류로 나누어 관리하라

🍽 **성과** 방문 영업으로 약 50명의 신규고객을 확보, 월 매상이 300만 엔 상승했다

신토치키 역에서 도보로 5분 거리의 주택가에 있는 〈노바다야키 엔덴카〉. 50평 매장에 월 매상이 650만 엔 이상이니까 경영은 그럭저럭 잘 굴러가는 셈이다. 금요일이나 토요일, 휴일 전날에는 예약으로 좌석이 채워

인구 8만 명의 토치키 시에 있는 이자카야. 휴일 전날은 예약으로 가득 찰 정도다. 이에 비해 한가한 평일에 손님을 끌어모을 작전을 세우고 싶다.

지기 때문에 예약 없이 온 손님은 돌려보내야 할 정도다.

그러나 시바야마 사장은 안심할 수가 없다. 돌려보내는 손님에게는 생맥주 한 잔 무료 쿠폰을 드리고 있지만, 거절당한 손님이 정말 그것만으로 다시 와줄지 불안한 것이다. 평일 저녁에 오는 손님을 좀 더 늘려서 경영을 안정시켜 보자는 생각으로 매달 한 번씩 남녀 손님 15명씩을 모아서 미팅 파티를 여는 등 입소문을 일으킬 만한 이벤트도 개최하고 있다. 더욱 안정된 경영을 위해 송년회 시즌 전에 회식 손님을 개척해야겠다는 생각으로 전문가 상담을 신청했다.

제안1 시식용 메뉴를 들고 방문 영업을 나서라
사무실로 직접 찾아가 법인 영업을 강화하라

시로이와 선생은 새로운 손님 모으기 위해서는 법인 영업이 중요하다고 강조했다. 명함을 남기고 간 매장 손님의 근무처에 찾아가 감사 인사를 한다든지, 매장 주변의 사무실 등을 방문하라고 권했다. 또한 시로이와 선생은 "법인 영업의 목적은 단체 손님의 회식 확보가 아닙니다. 가게의 지명도를 높여서 개인이 이용할 수 있도록 하기 위함입니다"라며 방문 영업의 목적을 분명히 해야 한다고 지적했다.

방문할 때 위력을 발휘하는 것이 선물이다. 남성이라면 맥주, 여성이라면 주스 같은 것이 좋다. 그보다 좋은 것은 순살닭튀김처럼 간단하게 집어먹을 수 있는 자기 매장의 요리다. 방문한 직장에서

"이건 뭐야?", "맛있는데?" 같은 대화가 나오는 것만으로 가게의 지명도가 올라간다.

"예를 들어 경비가 있어 안으로 들여보내 주지 않는 회사나 공장이 있습니다. 이때 안에 들여보내 주지 않으니까 영업을 할 수 없다고 생각할 것이 아니라, 경비 일을 하시는 분들에게 영업하는 거라고 생각합시다. 몇 번이고 찾아가 신뢰관계가 생기면 사내의 고객과 연결시켜 줄지도 모르니까요."

시로이와 선생은 발상의 전환을 강조하며 '모든 사람을 예비고객'으로 생각하고 자주 방문할 것을 권했다.

전문가의 조언을 받은 시바야마 사장은 가게의 대표 요리인 '고기완자'를 선물로 들고 재료상부터 근처의 사무실, 소매점까지 3주일 사이에 60곳 이상을 방문했다.

방문해서 하는 이야기는 주로 ①실례합니다 ②근처에서 이자카야를 하고 있습니다 ③여러분께 인사를 드리러 왔습니다 ④이거 받으세요'의 네 마디뿐. 시식음식을 받아 주면 그것으로 충분하다고 생각하고 불필요한 이야기는 하지 않았다. 시식음식을 받아 준

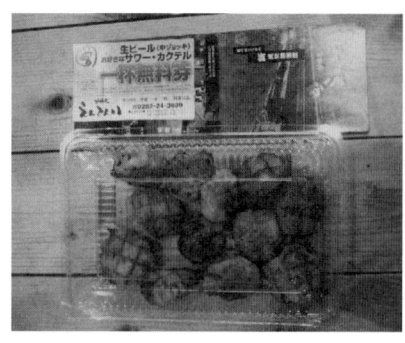

● 방문 시 '고기완자'를 지참
9월 1일부터 3주일간 사무실과 점포 등 68집을 방문. 한 달 안에 50명 이상의 신규고객이 매장을 방문했다.

매장에서 제공하고 있는 대표 메뉴인 '고기완자(294엔)'를 4분의 1 사이즈로 만들어 열 개씩 팩에 담은 뒤 가게의 팸플릿, 생맥주 무료 쿠폰 2장과 함께 전달하고 있다. 고기완자의 원가는 한 팩에 150엔.

사람은 모두 "고맙습니다"라며 기분 좋게 응해 주어서 방문 영업을 하면서 좋지 않은 기억은 없다.

그 결과, 약 한 달 동안 영업으로 배포한 전단지를 가지고 온 신규고객이 12팀 50명이었다. 나아가 송년회 때 이용하겠다는 손님도 있었다.

제안 2 정중한 배꼽인사로 좋은 인상을 남겨라
접객 태도가 손님 모으기로 이어진다

자리가 없어 돌아가는 손님에게 생맥주 한 잔 무료 쿠폰을 전하고는 있지만, 거절당한 손님이 다시 와줄지 불안하다고 말하는 시바야마 사장. 시로이와 선생은 어떻게 인사하는가에 따라 좋은 인상을 줄 수도 있다고 말하며 직접 시범을 보였다. 인사의 포인트는 상반신을 90도 이상 숙인다는 느낌으로 깊게 머리를 숙여 무료 쿠폰을 양손으로 전하는 것이다. 이런 태도는 정중한 마음을 강하게 표현하는 데 도움이 된다고 한다.

평일 저녁의 손님 모으기 대책으로는 "평일에 온 손님을 다시 오도록 해야 한다"고 말하는 시라이와 선생. 평일에는 이자카야

직원들에게 직접 인사법을 지도하는 시로이와 선생.

를 이용할 수 없거나 이용하지 않는 사람도 많기 때문에 '맨 땅에 헤딩'하는 식으로 판촉을 하기보다는 이미 평일에 출입하고 있는 손님에게 한 품목을 서비스하여 친밀감을 강화하는 편이 좋다고 조언했다.

시바야마 사장은 전문가의 조언을 받아들여 평일에 모듬 꼬치 세트를 주문하면 채소 꼬치 하나 더 서비스하고, 대리운전을 기다리는 손님에게는 아이스크림을 제공하는 등 총력전을 펼쳤다. 이런 서비스는 손님들의 평이 좋아 이후에도 지속해 나갈 예정이다.

〈엔덴카〉에서는 원래 젊은 종업원들이 손님에게 말을 거는 것은 어렵다고 생각하여 손님이 종업원에게 말 걸기 쉽도록 명찰에 "낚시를 좋아하는 ○○입니다" 같은 한마디를 기입해 두었다. 시로이와 선생에게 "미래의 음식점은 커뮤니케이션 산업"이라는 얘기를 들은 시바야마 사장은 '0엔 서비스'를 새롭게 도입해 이 제도를 활성화하기로 했다.

매일 바뀌는 '오늘의 추천 메뉴'를 써놓은 메뉴판 오른쪽 아랫부분에 매일 하나씩 '스태프에게 하는 질문 코너', '야마 짱의 마술', '야구대회 이야기' 등을 쓰고, 가격란에 '0엔'이라고 써 넣었다. 손님이 흥미를 보이며 물어보면, 그날의 담당 스태프가 마술을 보여준다든지 이야기를 해주는 서비스다. 피크 타임이라도 손님이 부르면 자신의 일을 동료에게 맡기고 달려가 1분간 손님의 요청에 응한다.

예를 들면, 스태프의 한 사람이 담당하는 '마술'은 손님에게 트럼프 카드 한 장을 빼라고 해서 그 카드가 무엇인가를 맞추는 것.

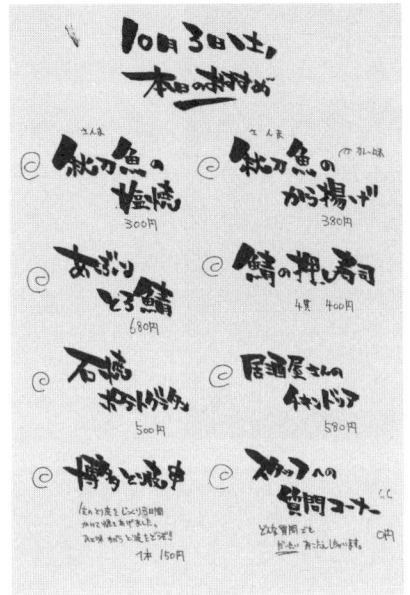

▲ 스태프 중 한 사람이 담당하는 마술. 이전에 흥미가 있어 배워 둔 마술을 접객에 이용하고 있다.

◀ '오늘의 추천 메뉴' 마지막에 직원에게 하는 질문 코너를 만들었다. 0엔 서비스 내용은 날마다 달라진다.

1개월 사이에 7일간 담당하고, 하루에 5회 정도의 '주문'이 있었기 때문에 전부 30회 정도의 마술을 보여주고 있다. 이 '0엔 서비스'로 직원들과 손님의 관계가 좋아지는 계기를 늘릴 수 있었는데, 그것으로 전체 운영에 혼란을 초래하는 일은 특별히 없는 듯하다. 이것도 계속해서 실시하기로 했다.

제안3 등록회원을 두 종류로 나누어 관리하라
휴대전화 및 지역 매체를 통한 판촉 활동

〈엔덴카〉는 휴대전화 SMS 회원을 모집하기 시작했다. 시로이와 선생은 컴퓨터 판촉 메일과는 다르게 휴대전화의 SMS는 무시

〈엔텐카〉가 시작한 메일 회원 모집. 회원 수는 현재 200명이다.

하기 힘들어서 너무 자주 보내면 오히려 가게의 인상이 나빠질 수 있기 때문에 주의해야 한다고 조언한다.

그 같은 피해를 방지하기 위해 시로이와 선생은 회원 등록을 두 종류로 나눌 것을 제안했다. 먼저 휴대전화 번호를 등록해 준 사람에게 감사의 SMS를 보내고, 그때 개선점 등을 묻는 앙케트를 실시한다. 이에 답하여 회신을 보내 준 사람은 휴대전화로 가게와 커뮤니케이션 하는 데 흥미가 있다고 판단하여, 2주일에 한 번 정도 매장에서 있었던 일이나 이벤트 등을 메시지로 보낸다. 그 외의 사람에게는 월 1회 정도 메뉴 변경이나 이벤트를 알리는 등 전단지 형식의 간단한 SMS만을 보내는 방식이다.

〈엔덴카〉는 팔씨름대회 등 재미있는 이벤트를 수시로 개최하고 있는데, 시로이와 선생은 이 같은 이벤트 또한 보도 자료를 통해 지역미디어에 전하는 것이 효과적이라고 덧붙였다.

🧑 전문가 상담을 받고 나서

방문 영업이야말로 가장 좋은 판촉이라는 것을 깨달았습니다

9월의 월 매상은 650만 엔. 작년과 비교하여 객단가는 내려갔지만, 고객 수가 80명 정도 늘어난 덕에 작년 수준의 매상을 유지할 수 있었습니다. 사무실과 점포들을 찾아다닌 방문 영업으로 약 50명의 신규고객을 확보한 덕분입니다.

특히 좋았던 것은, 우리가 '우물 안 개구리'였다는 사실에 눈을 뜬 일입니다. "엔덴카? 그런 집도 있었어?"라는 소리를 들을 때마다 우리 집이 지역에서 그리 알려지지 않았다는 사실을 통감했습니다. 그러나 알려지지 않았다는 것은 새로운 손님을 확보할 여지가 아직 충분하다는 뜻으로 해석할 수도 있습니다.

인구 8만 명의 이 거리에도 잠재적인 손님이 있는 곳은 상당수 있습니다. 이제부터는 가게에서 차로 20분 거리에 있는 사무실이나 점포에 홍보를 나갈 예정이고, 송년회 시즌이 끝난 뒤에는 감사 방문도 할 생각입니다.

🍜 상담 이후 경영 상황

가게 경영은 순조롭게 성장하고 있습니다. 전문가 상담의 핵심요소라 할 수 있는 방문 영업을 지속한 결과, 월 매상이 좋은 때는 950만 엔에 달하게 되었습니다.

제3장

불리한 입지를 극복하는 방법

신규고객이 적은 주택지에서 매상을 늘리고 싶다

- **어드바이저** : 시로이와 오오키
- **제안1** 지역 내 가게의 인지도를 높여라
- **제안2** 전단지를 이용한 판촉 노하우를 익혀라
- **제안3** '단체 손님 환영' 의지를 알려 고객을 늘려라
- **성과** 6시간의 방문 영업으로 35명의 신규고객을 개척했다

    숯불구이 전문점 〈마우미〉는 주택가에 있는 고깃집으로는 드물게 일본 최고 등급의 쇠고기(와규)를 메인 메뉴로 하고 있다. 손님들 대부분은 지역 주민이지만, 멀리서 일부러 찾아오는 손님도 적지 않다고 한다.

    경영은 순조로워 2007년 10월 오픈한 이래 월 매상이 줄곧 전년 동월 대비 상승세를 유지해 왔다. 특히 2009년 12월에는 월 매상이 전년 동월 대비 25%나 증가해 400만 엔에 달했다. 그런데 2010년 1월, 처음으로 전년 동월과 비교하여 하향 곡선을 그리게

● 번화가에서 떨어진 주택가에 위치

무스 형태로 만든 간장과 레몬즙을 뿌려 먹는 숯불구이가 대표 메뉴. 굽는 법이나 먹는 법은 사장이 직접 설명한다. 인터넷 상의 평판도 좋다.

되었다. 예상 밖의 추락을 경험한 한승유 사장은 미래에 대한 불안을 느끼게 되었다.

가게의 문턱을 낮추자는 취지에서 평일에는 와규 갈비나 등심, 모둠나물, 밥과 수프를 '정식 세트'라는 이름으로 1,200엔에 제공하고 있다. 그러나 주변에 저가의 고깃집 체인점이 있어 싸다는 느낌을 제대로 전달할 수가 없다.

이 상황을 탈피하고 싶은 한 사장은 평균 월 매상 300만 엔 이상이라는 목표를 설정했다.

한 사장은 고객의 재방문을 유도하기 위해 몇 가지 방법을 강구해 왔다. 뉴스레터 '마우미 통신'에 할인쿠폰을 실어 부정기적으로 발행하고 있으며, 연말에 그 해의 감사의 마음을 전하는 DM 연하장을 보내 꽤 좋은 반응도 얻고 있다. 그러나 한 달에 6만5천 엔이나 하는 식도락 사이트 판촉은 기대만큼 효과를 올리지 못했다고 한다.

한 사장의 설명을 들은 시로이와 선생은 "재방문율을 높이기 위한 대책은 충분하네요. 신규고객 확보를 목표로 합시다"라고 제안했다. 그래서 가능한 한 비용을 들이지 않고 신규고객을 늘리는 방향으로 전략을 세우기로 했다.

📖 제안1 지역 내 가게의 인지도를 높여라
사무실과 점포에 방문 영업을 나가라

"음식점의 방문객 수는 상권 내의 인지도, 즉 가게를 알고 있는 사람의 비율에 의해서 좌우됩니다."

가게를 알고 있는 사람들 중 몇 퍼센트가 시험 삼아 가게를 이용하여 '신규고객'이 되고, 다시 그중 몇 퍼센트가 가게를 좋아하게 되어 '단골손님'이 된다는 것이 시로이와 선생의 설명이다.

시로이와 선생은 신규고객을 늘리기 위해서는 상권 내에서의 가게 인지도를 높여 예상 구매자의 절대숫자를 늘리는 것이 중요하다고 역설하며, 방문 영업을 제안했다. 주변의 사무실이나 상점 등을 사장 부부가 직접 방문해서 가게의 팸플릿을 건네는 것으로 가게의 지명도를 올리자는 작전이다.

전단지를 들고 50군데를 방문하고, 200집에 배포했다.

시로이와 선생은 그런 방문 자체가 고객에게 부담을 주어서는 안 된다는 점을 강조했다.

"'고깃집입니다. 전단지를 가져왔습니다'라는 인사로 충분합니다. 전단지를 건네며 묻는 말에만 대답하면 되고요. 이런 식이면 방문 시간이 채 1분도 안 걸립니다."

왼쪽 페이지의 전단지는 전문가 상담을 받은 뒤에 한 사장의 부인 김이순 씨가 작성한 것 중의 하나다. 3월 들어서부터는 5일 정도 날씨 좋은 날을 택해 하루 한 시간 정도 사무실, 병원, 미용실 등 총 50군데를 직접 방문했고, 200집 정도의 주택에 전단지를 배포했다.

전단지 배포를 계기로 적어도 7팀이 찾아왔고, 35명 이상의 신규고객을 확보하는 등 효과는 충분히 있었다.

● 고객 수를 늘리기 위해서는 인지도를 올리는 것이 중요

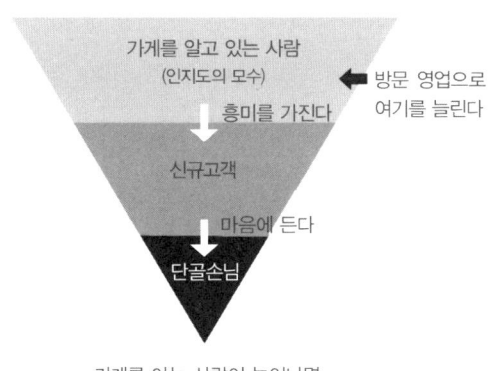

가게를 아는 사람이 늘어나면
신규고객과 단골손님도 늘어난다.

3장 불리한 입지를 극복하는 방법

제안2 전단지를 이용한 판촉 노하우를 익혀라
버스정류장에서 기다리는 사람에게 나눠줘라

시로이와 선생이 제안한 또 하나의 인지도 상승 방안은 전단지 배포다. 그것도 역 주변 등 교통량이 많은 곳에서 지나가는 사람에게 건넬 것이 아니라, 버스정류장에 서 있거나 신호를 기다리는 사람들에게 전단지를 배포하라는 것이다. 걷고 있는 사람보다는 서 있는 사람이 전단지를 읽어 볼 가능성이 훨씬 높기 때문이다.

지금까지 다른 사람에게 직접 전단지를 건네 본 적이 없는 한 사장은 "갑자기 말을 걸면서 전단지를 건네려고 하면 화를 내지는 않을까요?"라며 망설였지만, 시로이와 선생은 "기분 나빠하는 사람이 있다고 해도 전단지를 안 받아 주는 것 외에 별일 있겠어요?"라며 김 사장의 불안을 날려 버렸다.

또한 시로이와 선생은 전단지를 작성할 때는 가게의 위치를 분명히 설명하라고 지적했다. 매장이 주택가 안에 있고 찾아오는 길이 쉽지 않기 때문이다. 따라서 '1번 출구를 오른쪽으로 돌아 큰 길을 따라오세요', '그곳에 편의점이 있습니다', '왼쪽으로 돌아서 간판이 보일 때까지 걸어오세요' 하는 식으로 세 부분으로 나누어 설명하면 좋다고 어드바이스했다.

방문 영업과 전단지 배포로 신규고객을 확보한 뒤에는 그 고객이 가게를 잊지 않고 다시 찾아줄 가능성을 높여야 한다. 그 대책으로 시로이와 선생은 간단히 적을 수 있는 감사장을 추천했다. 방문해 주신 것에 대한 감사의 인사나 재방문에 대한 서비스 특전 등을 사전에 인쇄해서 준비해 두고, 그 감사장을 건네기 전에 한

마디 코멘트나 담당자 이름을 직접 써넣으라는 것이다.

한 사장은 가게의 블로그도 운영하고 있는데, 포스트를 하나 올리면 130회 정도 조회가 된다. "블로그는 하나의 기사에 한 장의 사진, 3행 정도의 문장이면 됩니다. 하나의 포스트를 길게 쓰는 것보다 업데이트 빈도를 늘리는 것이 좋습니다"라고 시로이와 선생은 조언했다.

제안3 '단체 손님 환영' 의지를 알려 고객을 늘려라
기존 고객에게 모임 우대 서비스를 제공하라

오른쪽 전단지는 가게의 단골손님을 대상으로 지난 3월에 뉴스레터와 함께 우송한 것이다. 기존 고객들은 대체로 가족과의 식사를 위해 매장을 찾는 경우가 많다. 따라서 시로이와 선생이 제안한 대로 '모임에 대한 문의 환영'이라는 자세를 보여 줌으로써 새로운 수요를 늘려 나간다.

결국 이 전단지를 보고 문의를 해온 손님은 하나도 없었지만, 초등학교 입학식이나 회사의 시무식이 있던 날에는 평일임에도 불구하고 좌석이 가득 찼다. 게다가 단골손님으로부터 30명의 단체 예약이 들어오는 등 반응은 충분히 느낄 수 있었다.

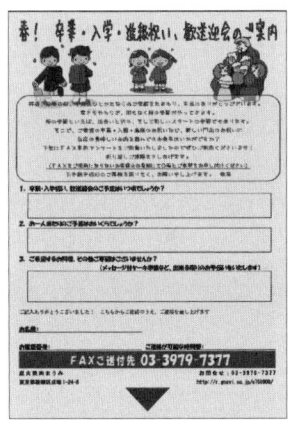

단골손님에게 뉴스레터를 보낼 때 문의용 전단지를 동봉했다.

🔵 전문가 상담을 받고 나서

신규고객이 늘어나 월 매상이 350만 엔으로 늘었습니다

전문가 상담 이후 가장 도움이 된 것은 앞으로 '무엇을 해야 할지'를 알게 되었다는 사실입니다. 남편은 심야까지 영업을 하기 때문에 낮에는 일할 여유가 없어서 판촉활동은 주로 제가 담당했습니다. 이전에 읽은 책을 참고로 전단지를 만들어 3월 중에 사무실, 병원, 미용실 등 50군데 정도를 방문해 전단지를 돌렸습니다.

한 회사의 안내 데스크에 전단지를 건넸더니, 사무실 벽에 붙여 놓겠다고 말해 주어서 너무 고마웠습니다. 또 한 미용실에서는 전단지를 받아들고 "소문은 들었는데 위치를 몰라서 못 갔어요. 한번 들를게요"라고 해서 그냥 인사말이려니 했는데, 다음날 정말 매장을 찾아주셔서 감격스럽더군요. 모두들 친절하게 맞아주셔서 힘든 줄도 몰랐답니다.

이번에 방문 영업에 소비한 시간은 하루에 60~90분 정도로, 5일간 주변 상가와 사무실을 방문하고 이동하면서 아파트에 전단지를 꽂아 두었을 뿐입니다. 그래도 35명 이상의 신규고객을 확보할 수 있었으니까 정말 대단한 판촉 효과였다고 볼 수 있지요.

실은 제가 둘째를 임신한 상태여서 2월 상순에 시로이와 선생님의 지도를 받았으면서도 3월에 들어서야 지도 내용을 실천할 수밖에 없었던 일을 죄송스럽게 생각합니다. 이젠 몸 상태도 안정기에 접어들었으니 방문 영업을 다시 시작하려고 합니다. 황금연휴에 대비해서 근처에 있는 대규모 아파트 단지에 전단지를 배포할 생각입니다.

🔺 상담 이후 경영 상황

지금도 주택가를 중심으로 전단지 배포를 지속하고 있습니다. 그 결과, 가족 손님이 순조롭게 늘어서 월 매상이 350만 엔에 달했습니다. 주소를 가르쳐 주신 고객에게 매장을 방문하셨을 때 드릴 작은 선물에 대한 DM 엽서를 보내드렸더니 20%도 넘는 호응도를 보였습니다. 전단지 배포와 DM은 이후에도 계속 해나갈 생각입니다.

주택가에 있는 가게지만
단체 손님을 유치하고 싶다

🍳 **어드바이저** : 타니구치 마사유키
📝 **제안1** 가까운 이웃을 공략하라
📝 **제안2** 중요한 포인트가 드러나도록 홍보하라
📝 **제안3** 언제 어떤 판촉 활동이 효과를 내는지 확인하라

🍽 **성과** 미루는 습관을 개선해 적극적인 판촉을 실천하고 있다

　이자카야 〈원조! 아시타바〉는 언뜻 봐도 꽤 괜찮은 입지에 위치하고 있다. 누마즈 역에서 걸어서 10분 거리에 있는 상가 안에 있고, 바로 앞에는 넓은 도로가 뚫려 있다. 개점한 지 11년이 다 됐고 매장도 약 25평으로 널찍한데, 역 가까이에 있는 자매점에 비해 손님이 들지 않아 고민이다.

　특히 회식 손님이 적은 것이 고민. 주변에 회사가 제법 많아 회식 수요가 없는 것도 아닌데 회식 예약이 별로 없다. 게다가 동일본대지진 이후 자숙하는 분위기가 퍼져서 그나마 가뭄에 콩 나듯

들어오던 회식 예약도 중단되었다. 지금도 매상은 전년 수준을 밑돌고 있다.

지진 재해와 거의 같은 시기에 새로운 판촉 전단지가 완성되었지만, 노조츠키 사장은 "배포하면 빈축을 살 것 같아서"라며 전단지 배포

개점한 지 11년, 고객층은 넓지만 손님의 80%는 지역 주민이다.

를 미루고 있었다. 이것도 회식 예약이 중단된 원인의 하나로 꼽을 수 있다.

"회식을 유치하기 위해 가게 앞에 광고판을 내걸어서 어필하기도 하고, 가게 인지도를 높이기 위해 홈페이지 디자인을 손보는 작업도 진행하고 있습니다. 블로그에도 가능한 한 매일, 되도록 자주 포스트를 올리고 있습니다. 그러나 아직까지 눈에 보이는 효과는 없는 것 같습니다."

점포를 두 개나 운영하느라 항상 바쁘고, 여러 가지로 시도하고 있는 판촉 활동의 효과를 확인하고 싶어도 방법을 몰라 고민이라는 노조츠키 사장. 효과를 알 수 없기 때문에 어떤 판촉 활동에 집중해야 할지 헤매게 되는 것이다. 그런 노조츠키 사장에게 타니구치 선생은 제일 먼저 "지진 이후라 해도 자숙할 필요는 전혀 없습니다"라고 한마디로 잘라 말했다. 그는 만들어 놓은 전단지를 바로 배포하라고 제안했다.

새로운 홈페이지 디자인에 대해서는 가게의 객단가에 비해 너

무 고급스런 이미지를 주고 있다고 평하며, 홈페이지에서 강조해야 할 점과 가볍게 넘어가야 할 점 등을 지적했다. 또한 바쁜 일정을 감안해 간단하게 활용할 수 있는 판촉 효과 측정 방법도 가르쳐 주었다.

제안1 먼저 가까운 이웃을 공략하라
전단지와 매장 앞을 최대한 활용하라

지진 재해 전에 만들어 놓았지만 배포하지 않아서 대량으로 남아 있는 전단지. 그것을 그대로 묵혀둘 수는 없다.

"전국적인 자숙 분위기에 압도되어 영업하는 것 자체에 죄의식을 느끼는 음식점이 적지 않습니다. 하지만 그것은 이겨내야 할 고통입니다. 벚꽃축제도 예년과 다름없이 진행되었고, 지금은 오히려 '소비를 늘려 경기를 활성화하자'는 움직임이 일고 있습니다. 걱정하지 말고 전단지를 배포하도록 하세요."

타니구치 선생은 노조츠키 사장을 안심시켰다.

전단지는 반으로 접을 수 있는 디자인이어서 무료 음료권이나 회식 안내장 같은 것을 끼워 넣을 수도 있다. 또한 전단지를 직접 건넬 때

전단지는 한가운데가 나누어져 있기 때문에 반으로 접어서 사용하면 효과적이다. 전단지에 회식에 대한 이야기는 쓰여 있지 않지만, 배포할 때 "회식 예약도 받고 있습니다!"라고 말하면 회식 유치에 도움이 된다.

는 회식 예약을 받고 있다는 말을 덧붙이면 좋다. 문제는 배포하는 대상이다. 노조츠키 사장은 매장에서 조금 떨어져 있지만, 회사 건물이 모여 있는 지역에 대량으로 뿌릴 생각이었다. 회식 손님을 확보하려면 회사를 중심으로 배포하는 편이 효율적이라고 생각했기 때문이다.

그러나 타니구치 선생은 "걸어서 올 수 있는 거리의 주택과 상점을 노리는 편이 좋습니다. 전단지 배포 역시 걸어갈 수 있는 범위 내에서 하는 것이 가장 효율적입니다"라고 지적했다. 회식이라고 해서 꼭 회사에 한정지어서 생각할 필요는 없다는 얘기다. 축구 클럽 모임이나 작은 가족 이벤트 같은 것도 포함시켜 생각하면 훨씬 고객층이 넓어지기 때문이다.

광고는 전단지와 매장 앞에서 함께 이루어져야 한다고 지적하는 타니구치 선생. 가게 앞을 걸어가는 사람이나 차로 지나치는 사람들의 이목을 끌어야 가게의 존재가 입소문을 타고 퍼져 나가기 때문이다.

타니구치 선생은 "차로 지나치는 사람들에게 가장 눈에 띄는 것은 현수막입니다. 현수막에 요리 사진을 크게 올려 어필하면 좋겠지요. 걸어가는 사람에게도 스탠드형 광고판보다는 현수막이 눈에 잘 들어옵니다"라고 조언했다. 현재 매장 앞에 '모임 예약도 받습니다'라고 쓰여 있는 화이트보드 타입의 광고판을 세워둔 것에 현수막을 병용해야 한다는 말이다.

현수막은 판촉 효과는 높지만 돈이 많이 든다는 선입견 때문인지 이용하는 사람이 적다. 하지만 현수막 제작 비용의 대부분은 사진 촬영과 디자인에 관한 것이지, 현수막 제작 자체는 큰 비용이 들지 않는다. 더구나 전단지에 사용한 사진을 활용하면 제작 기간도 얼마 걸리지 않는다. 노조츠키 사장은 즉시 시험해 보기로 결정했다.

📔 제안 2 중요한 포인트가 드러나도록 홍보하라
홈페이지, 고급스러워야 좋은 것은 아니다

요즘 소비자는 홈페이지나 블로그를 통해 가게를 찾는다. 역에서 먼 곳이나 지방처럼 입지 조건이 좋지 않은 가게는 홈페이지를 매력적으로 만드는 일이 중요하다. 〈아시타바〉는 이미 홈페이지 보완을 시작했고, 디자인도 완성되어 있었다. 완성된 디자인은 나름 근사했지만, 강조해야 할 포인트가 어긋나 있는 등 문제점 많았다. 〈아시타바〉의 평균 객단가는 3,200엔 정도인데, 홈페이지 디자인이 너무 고급스러우면 '비쌀 것 같은 집'으로 인식될 수 있다는 것도 문제였다.

타니구치 선생의 조언을 받은 노조츠키 사장은 곧바로 디자이너와 상담하여 글자 크기를 바꾸는 등의 수정작업을 거쳤다. 오른쪽 페이지의 사진은 타니구치 선생에게 지적받은 부분을 수정한 디자인으로, 이 같은 과정을 통해 완성된 홈페이지는 나중에 광고 효과를 톡톡히 거뒀다.

또한 "사장 개인의 블로그보다는 가게를 알리기 위한 업소명의 블로그가 필요합니다"라는 타니구치 선생의 조언에 따라 노조츠

● 원래의 홈페이지

● 노조츠키 사장의 개선책

① 업소명보다 지명이 부각되게
　고객은 어디에 있는가로 가게를 선택한다. 지명을 메인타이틀에 넣어 두면 검색이 용이해진다. '누마즈의 철판구이' 같은 문자를 크게 덧붙이고, 업소명은 작게 하는 등의 보완작업이 필요한 상태다.

② "드셔 보세요!"가 아니라 "드세요!"
　헤드카피로 사용한 '한번 드셔 보세요!'는 정중한 표현이기는 하지만 임팩트가 부족하다. 이때는 '일단 드세요!' 정도의 강한 어투를 사용한다.

● 타니구치 선생의 개선책을 반영한 것

③ 개인 블로그보다는 업소명의 블로그를
　"번번이 새 포스트를 올리는 것이 쉬운 일은 아니지만 읽어 주는 팬이 있다"고 말하는 사장의 개인 블로그. 사장이 직접 개인 블로그를 운영하는 것도 좋지만, 그것만으로는 가게에 대해 바로 알리기 힘들다. 개인 블로그 외에 가게의 이벤트나 메뉴 등의 화제를 주로 올리는 업소명의 블로그를 만들어서 링크한다.

④ 문자는 자유롭게, 사진은 외곽선을 넣어서 깔끔하게
　노조츠키 사장의 개선책에서는 헤드카피의 문자가 정갈하게 나열되어 있다. 너무 고상한 느낌이 나므로, 문자는 같은 행 안에서도 여러 모양으로 바꾸어 춤을 추듯 자유롭게 나열했다. 또한 4종의 요리는 색이 비슷해서 한 장의 사진으로 보일 수 있으므로 사진 사이에 두껍고 하얀 외곽선을 넣어 깔끔하게 정리했다.

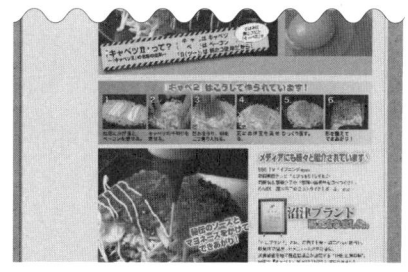

키 사장이 텔레비전에 출연했던 당시의 유튜브 동영상과 가게 블로그를 링크하는 작업도 진행했다.

📓 제안3 언제 어떤 판촉 활동이 효과를 내는지 확인하라
전화와 캘린더를 활용하라

"판촉 활동을 적극적으로 하고 싶어도 어떤 방법이 효과적인지 잘 몰라서……."

노조츠키 사장은 말꼬리를 흐렸다. 하지만 큰 수고 없이 판촉 효과를 확인할 수 있는 간단한 방법이 있다. 예를 들면 예약전화를 받았을 때 무엇을 보고 가게를 알게 되었는지 질문해 그것을 예약 고객 이름 옆에 나란히 적어 놓는다. 예약 없이 온 손님에게는 접객을 하면서 "어떻게 알고 오셨어요?"라고 가볍게 질문해 그것을 메모해 두면 된다. 매장 방문으로 이어진 판촉 정보를 모으는 것만으로도 무엇이 가장 효과적인지 알 수 있게 되는 것이다.

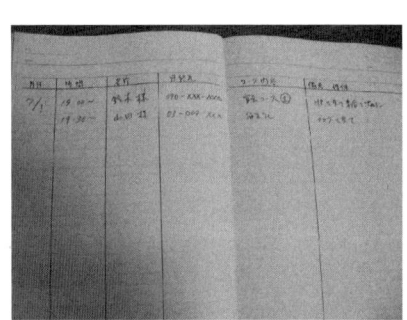

예약장의 비고란 같은 곳에 홈페이지, 블로그, TV 등 그 손님이 무엇을 보고 매장에 오기로 마음먹었는지 메모해 둘 공간을 만든다. 이름 옆에 메모해 두는 것만으로도 OK!

〈원조! 아시타바〉에서는 매일 해야 할 일이나 목표 등을 조회시간에 확인하고 있다. 직원 조회 때 "손님에게 어떻게 알고 찾아왔는지 가능한 한 물어볼 것!"이라고 반복해서 인식시킴으로써 몸에 배도록 하는 것이 좋다. 그리고 다음날 아침, 그 결과를 보고 받아 자료로 삼는다.

또한 판촉 효과를 보다 정확하게 알기 위해서는 판촉 스케줄을 정확히 기입해 두는 것이 중요하다. 그것도 간단하다. 메모 가능한 캘린더에 표시를 해서 새로 일정을 세우거나 이미 실행한 부분을 써넣는 것이다. 이렇게 해두면 언제 어떤 판촉법이 어느 정도의 효과를 거두었는지 쉽게 파악할 수 있다.

👤 전문가 상담을 받고 나서

미루고만 있던 자신을 일깨우는 계기가 되었습니다

전문가 상담을 통해 많은 가르침을 받았습니다. 그중에는 스스로도 '꼭 해야 하는 일', '하는 편이 좋은 일' 등 오랜 시간 생각하고 있으면서도 바쁘다는 핑계로 좀처럼 실천하지 못했던 일이 많았습니다.

결국 저는 단순히 '귀차니즘'에 젖어, 해야 할 일을 미루고 있었다는 사실을 깨닫게 되었습니다. 경기나 다른 어떤 이유에서가 아니라 제가 게을렀던 것이지요.

이제는 해야 할 일을 분명히 알았으니 더 이상 변명하지 말고 자신에게 엄격해져야겠다고 결심했습니다. 최근에는 매장 주변에서의 판촉 활동을 게을리하고 있었습니다. 주변 사람들은 당연히 가게를 잘 알고 있을 거라는 착각 때문이었는데, 의외로 그렇지 않을지도 모른다는 자각을 하게 되었습니다. 상담 이후 판촉에 대한 마음을 새롭게 다지고 있습니다.

🍽 상담 이후 경영 상황

전문가 상담을 받은 뒤 개선해야 할 점을 미루지 않고 바로 실천하는 습관이 몸에 배었습니다. 이전보다 매상 자체는 밑돌고 있는 상태지만, 이럴 때일수록 힘을 내야 한다는 생각으로 메뉴 개선과 매장 재단장을 진행할 예정입니다.

차량 방문객이 많은 가게, 평일 저녁 매상을 올리고 싶다

🎩 **어드바이저** : 후지오카 치에코
📋 **제안1** 고객이 만족할 만한 대표 요리를 만들어라
📋 **제안2** 메뉴판은 주력 메뉴가 눈에 띄게 만들어라
📋 **제안3** 대표 요리만 실은 전단지를 배포하라

🍽 **성과** 새로운 메뉴가 인기를 얻어 재방문 손님이 늘었다

    수타면 전문점 〈토가쿠시〉가 지금의 장소로 이전해 온 것은 2004년. 최근 몇 년 동안 매장을 찾아주는 손님이 줄어 고전하고 있다. 2007년에 약 3천만 엔이었던 연매상이 2009년에는 2천4백만 엔까지 떨어졌다. 종업원을 두 명 줄인 덕에 이익은 예년 수준을 유지했지만, 올해는 그것도 어려울 것 같다.

    저녁 손님을 노리고 1,200~1,500엔의 '진지상'을 도입했지만, 그것만으로는 역부족이었다. 토요일과 일요일 저녁은 그런 대로 손님이 있지만, 주말에는 바빠서 '진지상'을 제공할 수가 없다는 것도 문제다.

쿠폰 잡지와 신문 사이에 끼워 넣는 전단지를 이용해 광고도 해 보았지만, 일시적인 효과뿐 재방문으로 이어지지는 않았다. 차로 오는 손님이 대부분이고, 술을 좋아하는 사람은 조금 떨어져 있는 번화가로 나가기 때문에 술로 이익을 남기기는 어려운 실정이다.

어떻게 하면 평일 저녁의 매상을 올릴 수 있을까? 가게의 하루 매상은 평일 낮 3만 엔, 저녁 1만 엔. 주말 낮 6만~8만 엔, 저녁 2만~4만 엔. 낮과 저녁이 두 배 이상 차이가 난다. 이 같은 상황에 대해 후지오카 선생은 간단하게 설명했다.

● 차로 오는 손님이 많아 술 매상은 기대하기 어렵다
근처에 고령의 고소득자나 싱글 거주자를 대상으로 한 아파트가 있어 노부부와 남성 혼자인 손님이 많다. 사진은 저녁 손님을 끌어들이기 위한 '진지상'의 하나인 '카츠나베 세트(1,365엔)'.

"매상 올리기의 기본은 강한 부분을 더욱 강화하는 것입니다. 저녁에 메밀국수 집으로 사람을 모여들게 하기는 어렵습니다."

🗒 제안1 고객이 만족할 만한 대표 요리를 만들어라
고명을 잔뜩 올리고 면의 양도 늘려라

"낮 시간의 매상을 올리기 위해서는 배불리 먹을 수 있는 일품

요리가 필요합니다."

후지오카 선생이 이렇게 운을 떼자, 아라나미 사장은 "안 그래도 음식 양이 적다는 말은 종종 듣습니다"라고 인정은 하면서도 "빵빵하게 주는 것은 우리 콘셉트가 아니라서……" 하며 난색을 표했다.

하지만 후지오카 선생은 "자신이 하고 싶은 요리와 고객을 위한 요리는 전혀 다릅니다" 하고 잘라 말했다.

"예술적인 요리에 반응하는 사람은 아주 드물기 때문에 매상을 늘리기 위해서는 보다 많은 고객의 생리적 욕구에 호소하는 것이 좋습니다."

후지오카 선생에 의하면, 여성의 1회 식사량은 350g, 남성은 400~500g인데 비해 〈토가쿠시〉는 세트메뉴라고 해도 겨우 400g이기 때문에 양을 늘리는 것이 불가피하다는 것이다. 원가율도 28%로는 낮으니 32~35%까지 늘릴 필요가 있다고 한다.

후지오카 선생은 여러 대박집의 요리 사진을 아라나미 사장에게 보여주었다.

"이건 나고야에 있는 메밀국수집이에요. 덮밥은 25센

● 7월부터 도입한 새로운 메뉴
면의 양을 1.3배로 늘리고 고명도 넉넉히 올린 '새우튀김 가득한 자연 참마 메밀국수(980엔)'를 도입했다. 원가율은 32% 수준.

티의 새우튀김, 간 마, 날달걀, 김 등 고명이 잔뜩 올려져 있지요. 이게 980엔이에요. 이 정도는 돼야죠."

후지오카 선생의 이야기에 빨려 들어가 의욕을 보이면서도 "조금 천박한 감이……"라며 망설이는 아라나미 사장에게 후지오카 선생은 굳히기 한마디를 날렸다.

"입소문으로 고객을 불러들이려면 임팩트가 중요합니다. 임팩트를 부르는 키워드는 '대중성', '화려함', '진한 맛'입니다. 면과 고명의 양을 늘린 '빵빵한' 상품을 만듭시다!"

📝 제안 2 메뉴판은 주력 메뉴가 눈에 띄게 만들어라
보다 크게, 보다 시원시원하게

주력으로 팔아야 할 상품이 결정되면 다음은 어떻게 보일 것인가를 생각해야 한다. 〈토가쿠시〉의 메뉴는 메밀국수 외에 우동 15종, 일품요리가 13종으로 음식만 82종이나 되어 무엇이 대표 요리인지를 알 수가 없다. 이래서야 주문이 분산되어 10분 이내의 순발력 있는 음식 제공이 곤란하다. 이에 대해 후지오카 선생은 요리의 품목은 줄이고 주력 상품을 눈에 띄게 하는 구체적인 방안을 제시했다.

먼저 메밀국수집으로서의 전문성과 점심 영업을 강화하기 위해 우동 카테고리를 없애고, 일품요리와 술 종류는 줄인다. 제공하는데 손이 많이 가는 '진지상'도 줄인다. 메밀국수도 여러 종류였던 면의 굵기를 두 종류로 줄인다.

Before ● 추천 상품을 알아보기 힘들다

◀ 사진이 전체적으로 작다

◀ 모든 메뉴의 이름이 같은 크기다

After ● 추천 상품을 한눈에 알 수 있다

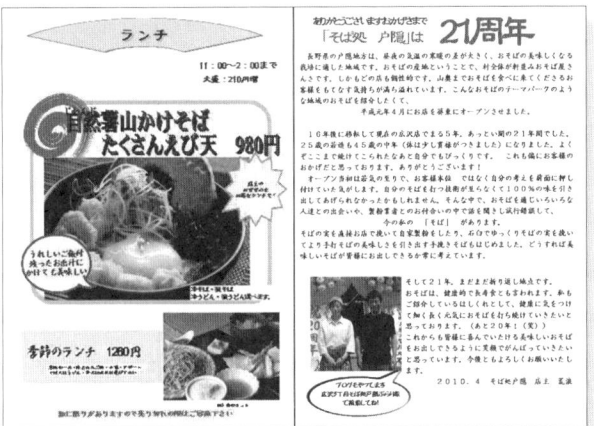

▶ 메뉴판을 열면 바로 주력상품

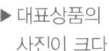

▶ 대표상품의 사진이 크다

◀ 대표상품의 사진이 크다

3장 불리한 입지를 극복하는 방법 **105**

일단 이렇게 메뉴를 조정한 다음, 메뉴판 재단장에 들어갔다.

주력 상품은 메뉴판의 첫 페이지에 사진을 크게 실어 눈에 띄게 한다. 다른 대표 상품들도 마찬가지로 사진을 크게 실어 그 외의 상품들과 차별화한다. 품목의 다양성이나 하루하루의 변화를 드러내고 싶으면 '오늘의 메밀국수'를 만든다든가, 세트 품목에 죽순밥, 카레밥 등으로 변화를 주는 것도 좋다.

"단골손님 중에는 이전의 메뉴가 좋았다고 하는 사람도 있을 테지만, 그래도 '이젠 바뀐 메뉴를 이용해 주세요' 하고 자연스럽게 대응해야 합니다. 물론 '빵빵한' 메뉴를 다 드실 수 없는 고령자에게는 면의 양을 줄이는 등의 배려도 필요합니다."

후지오카 선생은 고객의 요구에 따른 유연성 있는 대처를 당부했다.

📋 제안3 대표 요리만 실은 전단지를 배포하라
사진을 실어 새로운 메뉴에 대한 불안감을 없애라

'빵빵한' 메뉴를 만든 목적은 기존 고객들에게 메뉴 변화를 인지시켜 입소문으로 연결시키는 데 있다. 그 전 단계로, 후지오카 선생은 새로운 대표 요리를 광고하는 전단지를 만들어 주변에 배포할 것을 권했다.

전단지의 포인트는, 대표 요리의 사진을 크게 싣는 것과 2~3개월간 유효한 쿠폰을 여러 개 싣는 것이다. 아라나미 사장은 후지오카 선생의 조언을 반영한 전단지를 300장 만들어 7월 20일부터 말일에 걸쳐 주택가에 배포하고, 동시에 주요 고객층인 사무실을 방문하여 직접 전단지를 건넸다.

◀ 받은 사람이 보관해 주기를 바라며 유효기간이 다른 쿠폰을 여러 개 넣었다.

◀ 새로운 대표 요리의 내용을 한눈에 알 수 있도록 사진을 크게 실었다.

😊 전문가 상담을 받고 나서

'빵빵한' 메뉴에 고객들도 깜짝 놀랍니다

 6월에 전문가 진단을 받은 뒤 곧바로 '빵빵한' 메뉴 개발과 메뉴판 개선에 착수해 7월부터 도입했습니다. 사진을 크게 실은 덕분인지 주력 상품과 대표 상품에 주문이 집중되었습니다. '새우튀김 가득한 자연 참마 메밀국수'를 본 손님들은 대부분 "와!" 하는 탄성으로 맞아 줍니다. 넉넉한 양이 만족스럽다며 매일 먹으러 오는 손님도 있습니다.

 반면 이전에는 1,100~1,200엔이었던 객단가가 1,000엔으로 낮아지고, 최근에는 고객 수도 줄어들어 6~7월의 매상은 전년보다 20% 정도 떨어졌습니다. 그러나 7월 말에 배포한 전단지는 저희가 직접 인사를 하면서 돌려서인지 사무실들의 반응이 좋아 희망의 빛이 보입니다. 객단가가 낮아져도 고객 수가 늘어나면 결과적으로 매상을 올리는 효과가 있을 테니 당분간 '빵빵한' 메뉴를 밀어 볼 생각입니다.

🍜 상담 이후 경영 상황

 원가가 다소 높아지더라도 고객을 기쁘게 하자는 계획은 지금도 실천하고 있습니다. 최근 원가율이 높은 메뉴로 하마나고 산 바지락과 봄철 채소를 충분히 사용한 메밀국수를 개발했습니다. 이 메뉴도 호평을 받고 있습니다.

지역 손님이 밖으로 빠져나가서 매상이 준다

🍳 **어드바이저** : 타니구치 마사유키

📒 **제안1** 고객의 요구에 따라 홈페이지를 개선하라
📒 **제안2** 우리 가게만의 간단한 이벤트를 기획하라
📒 **제안3** 가게의 자랑거리와 콘셉트를 재확인하라
📒 **제안4** 외국인 관광객에 대한 홍보를 강화하라

🍚 **성과** 홈페이지 개선으로 방문객 수가 20% 증가했다

60대 부부가 부업 삼아 10년 전부터 운영하고 있는 〈카페 블로섬〉. 가장 가까운 역은 아시카가 시 역으로, 고개를 하나 넘어야 하고 차를 타도 20~30분 정도 걸리는 곳이다. 손님으로는 지역 주민 외에 군마 현이나 사이타마 현에서 오는 자동차 여행객이 비교적 많다.

경치가 맑고 아름다운 지역에 통나무집으로 만든 매장은 여유로운 분위기를 연출하고 있다. 아이바 사장은 미국에서 일을 하기도 했고, 해외여행 경험도 풍부한 식도락가다. 그런 자신의 경험

 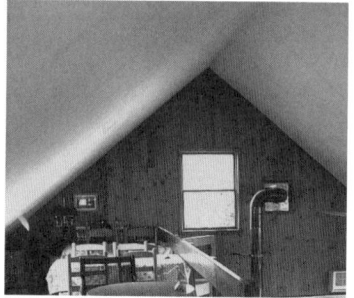

넓은 정원이 딸려 있으며 공기도 좋다. 매장 안에는 앤티크 가구를 사용하여 '고풍스런 미국'을 재현했다. TV와 영화의 촬영 세트로도 이용되고 있다.

을 살려 운영하고 있는 〈카페 블로섬〉에서는, 벽난로에 구운 로스트비프 같은 미국 가정식을 메인으로 한 메뉴를 선보이고 있다. 미국의 시골에서 편안하게 쉬는 듯한 느낌을 주는 것이 아이바 사장의 의도이며, 가게의 콘셉트다.

 아이바 사장은 요즘 고속도로 무료화 등의 영향으로 사람들이 이름 난 관광지로 빠져나가는 것을 걱정하고 있다. 또한 경기 침체가 단기간 내에 좋아지지는 않을 테니, 지금까지의 상권에만 기대고 있다간 앞으로 어떤 일이 닥칠지 모른다는 불안감을 느끼고 있다. 반면 인근에 북관동횡단 자동차도로로 연결되는 인터체인지가 완성되어 고객의 범위가 넓어지고 있다는 점은 호재로 볼 수 있다. 악재와 호재가 동반되고 있는 지금, 어떤 방법으로 손님을 끌어 모아야 할지 고민이다.

 〈카페 블로섬〉에 대한 타니구치 선생의 평가는 비교적 긍정적이다.

 "매장의 외관이나 내부 장식, 메뉴는 물론, 천연염색 옷을 입은

백발의 할아버지 사장까지, 매장 전체가 확실하게 미국의 시골 이미지로 통일되어 있습니다. 그런 매장의 매력을 살려서 멀리 있는 손님을 불러들이기 위해서는 홈페이지를 효과적으로 활용하는 것이 좋습니다."

제안1 고객의 요구에 따라 홈페이지를 개선하라
마음을 끄는 키워드를 사용하라

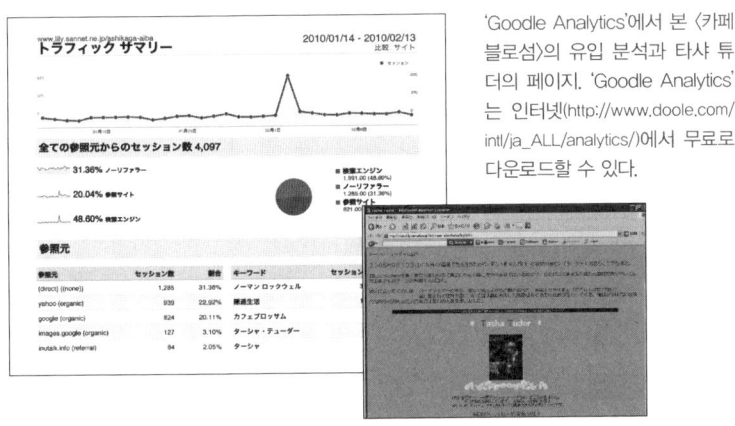

'Goodle Analytics'에서 본 〈카페 블로섬〉의 유입 분석과 타샤 튜더의 페이지. 'Goodle Analytics'는 인터넷(http://www.doole.com/intl/ja_ALL/analytics/)에서 무료로 다운로드할 수 있다.

가게 홈페이지를 개선해 좀 더 많은 사람에게 알리기 위한 작업을 개시하기로 했다. 그 준비 작업으로 먼저 유입 분석을 하고 방문객 특징을 조사한다. 유입 분석이란 '어떤 키워드 검색에 의해 홈페이지에 들어온 것이지' 등을 분석하는 일이다(국내 포탈 사이트의 블로그도 유입 분석 기능을 갖고 있어, 블로그를 만들면 자동으로 지원된다).

아이바 사장이 무료 소프트웨어를 이용해서 데이터를 분석한 결과, 뜻밖에도 검색 키워드 상위에 '타샤 튜더(Tasha Tudor)'가 있었다. 타샤 튜더는 미국의 동화작가이자 삽화가로 시골에서 전통 생활방식을 고수하며 정원을 가꾼 것으로 이름이 난 인물이다. 언젠가 그녀를 방문했을 때 쓴 에세이를 가게 홈페이지에 올려놓았는데, 그것을 계기로 가게의 존재를 알게 되었다는 사람이 의외로 많았다. 아이바 사장은 에세이를 쉽게 읽을 수 있도록 에세이 목차를 만드는 등 홈페이지를 고객의 요구에 맞게 개선했다. 그 결과, 한 달이 채 지나기 전에 방문객 수가 20% 정도 늘었다.

제안2 우리 가게만의 간단한 이벤트를 기획하라
〈카페 블로섬〉만의 간단한 이벤트를 만들어라

〈카페 블로섬〉처럼 제일 가까운 역에서도 차로 20분 이상 걸리는 경우에는, 멀리서 오는 여행객을 위해 그 길마저도 즐길 수 있는 이벤트를 기획하면 효과적이다.

정해진 장소의 풍경 사진을 찍게 하는 스탬프러리 방식의 이벤트.

고객과 함께하는 장작 패기는 고객과의 커뮤니케이션을 돕고 입소문으로 연결된다. "일손이 부족할 때 손님을 마냥 기다리게 하는 것이 신경 쓰였습니다. 장작 패기 이벤트는 그 문제를 아주 효과적으로 해결해 줄 것 같습니다."

타니구치 선생이 제안한 것은, 역에서 가게까지의 길 사이에 몇 개의 포인트를 정하고, 그곳 풍경을 휴대전화로 찍게 하는 스탬프 러리 방식이었다. 그렇게 해당 포인트를 전부 촬영해 온 고객에게는 할인 서비스를 해주는 것이다. 또한 요리를 기다리는 시간 동안 로스트비프를 굽는 데 필요한 장작을 직접 패는 체험 이벤트를 제공해 〈카페 블로섬〉만의 넓은 정원과 맑은 공기를 즐길 수 있도록 하는 것도 좋겠다고 제안했다.

제안3 가게의 자랑거리와 콘셉트를 재확인하라
광고를 하기 전에 광고 내용부터 점검하라

다른 지역의 손님을 불러들이기 위해서는 고속도로 휴게소에 있는 안내센터에 전단지를 놓아둔다거나 관광안내 잡지에 광고를 내는 일을 생각해 볼 수 있다.

타니구치 선생은 광고도 중요하지만 그 전에 해야 할 일이 있다고 지적한다.

"전단지를 만들기 전에 우리 가게의 자랑거리나 콘셉트가 무엇인가를 문장으로 만들어 보면, 보다 명확하고 고객이 알기 쉬운 전단지를 만드는 데 도움이 됩니다."

다음에 있는 자가 체크 시트는 타니구치 선생의 지도 아래 아이바 사장이 직접 만든 것이다. "관광객들에게 우리 가게는 어떤 모습이어야 할까?" 같은 근본적인 질문을 하다 보면 우리 가게만의 자랑거리나 콘셉트가 드러나기 시작한다.

자가 체크 시트

〈이 시트의 활용법에 관하여〉
① 우리 집의 현상을 냉정하게 파악한다.
② 우리 집의 장점과 단점을 모두 분석한다.
③ 우리 집의 주변 환경을 파악, 분석한다.
④ 과제에 대한 개선책을 내고 실천한다.

● 가게의 이념에 대하여

Q. 이 장소에 왜 우리 집이 필요하다고 생각합니까?

컨설팅 전	이런 외진 곳에 재미있는 가게가 있네 하는 의외성
컨설팅 후	

Q. 당신은 왜 가게에서 일하고 있습니까?

컨설팅 전	제2의 인생을 의미 있게 보내기 위해서
컨설팅 후	

Q. 우리 집은 손님에게 어떤 가게여야 할까요?

컨설팅 전	요리의 퀄리티와 추구하는 바를 이해할 수 있는 곳 / 멀리서라도 방문하고 싶은 곳
컨설팅 후	

Q. 우리 집의 스태프는 고객에게 어떤 모습이어야 할까요?

컨설팅 전	잘 교육받은 서비스 제공자 (가게의 요리, 특징을 말로 설명할 수 있어야 한다.)
컨설팅 후	

Q. 우리 집의 이념을 스태프 전원이 이해하고 있습니까?

컨설팅 전	다소 이해하고 있다
컨설팅 후	

● 가게의 콘셉트에 대하여

Q. 가게의 콘셉트는 무엇입니까?

컨설팅 전	패스트푸드가 없었을 당시의 미국 레스토랑 / 문을 열면 미국의 시골집에 있는 듯한 기분이 드는 곳
컨설팅 후	

Q. 우리 집의 콘셉트를 스태프 전원이 이해하고 있습니까?

컨설팅 전	대체적으로 이해하고 있다
컨설팅 후	

● 가게의 판매 포인트에 대하여

Q. 가게에서 판매 포인트는 무엇입니까?(요리, 서비스, 인테리어 등)

컨설팅 전	벽난로에서 그날 구운 따뜻한 로스트비프, 상쾌한 공기와 맛있는 물, 정감 있는 집
컨설팅 후	

Q. 그것을 왜 판매 포인트라고 생각합니까?

컨설팅 전	오랜 세월이 만들어낸 환경, 인생이 투영된 요리
컨설팅 후	

제안4 외국인 관광객에 대한 홍보를 강화하라
관광안내 잡지나 여행사와 협력하라

영어가 능통한 아이바 사장. 영어판 블로그도 운영하고 있어서 동경 인근의 외국인 주재원이나 관광객 같은 외국인이 방문하는 일도 종종 있다.

아이바 사장은 다음과 같이 조언을 구했다.

"지금까지는 홈페이지나 블로그 외에 외국인 대상의 판촉 활동을 전혀 하지 않았습니다. 하지만 앞으로는 보다 다양한 활동을 통해 보다 광범위하게 고객을 모시고 싶습니다. 국내뿐만 아니라 해외에서도 고객을 불러들일 수 있지 않을까요? 특히 최근 급격히 늘고 있는 중국인 관광객을 끌어들일 방법을 알고 싶습니다."

이에 대해 타니구치 선생은 중국인 대상 관광안내 잡지에 광고를 하거나 취재 요청을 해보는 것도 좋다고 말한다.

"중국인 관광객에 대한 일본 정부의 비자 발행 규제가 완화되고 있으니, 중국 고객을 부르려고만 하면 못 부를 것도 없습니다. 중국에는 아직 〈카페 블로섬〉처럼 제대로 된 양식을 먹을 수 있는 음식점이 드물기 때문에 도전해 보는 것도 좋겠지요. 중국인뿐만 아니라 해외 여

● 외국인에게도 인정받은 양식
〈카페 블로섬〉의 로스트비프. "외국인에게는 전통적인 일본식이 먹힌다는 것은 착각"이라고 말하는 타니구치 선생. 특히 일본 주재 외국인은 자국의 요리나 일본식 이외의 음식을 먹고 싶어 할 때가 많다고. 본고장에 가까운 맛이나 접시에 담아내는 분위기를 재현하면 외국인에게도 인정받게 된다.

행객을 유치하는 가장 쉽고 빠른 방법은 관광투어 안에 〈카페 블로섬〉 방문 일정을 집어넣는 것입니다. 여행사에 도움을 요청하는 것도 생각해 보십시오."

🙍 전문가 상담을 받고 나서

객관적인 평가의 중요성을 알게 되었습니다

홈페이지 유입 분석을 시작으로 '창작 패기' 이벤트 같은 것은 저 혼자서는 도저히 생각지도 못했을 일입니다. 이번 상담을 통해 제3자의 눈으로 현재의 상태를 평가받는 것이 얼마나 중요한 일인가를 깨닫게 되었습니다. 또한 홈페이지의 문장 순서를 바꾸고 읽기 쉽게 만든 것만으로도 방문자 수가 늘어난 데 깜짝 놀랐습니다. 홈페이지를 좀 더 정리해서 우리 가게를 찾는 고객에게 얼마나 동기부여를 하고 있는지 지켜볼 생각입니다.

🍜 상담 이후 경영 상황

전문가 상담을 받은 뒤에 가게의 특징을 간결하게 전하는 키워드를 활용해 페이지를 작성하기도 하고, 블로그에 날마다 새로운 포스트를 올려 방문자 수를 늘리는 노력을 계속하고 있습니다. 최근에는 페이스북이나 트위터도 하고 있습니다.

새 도로가 생긴 뒤 제법 멀리 떨어진 곳에서도 손님이 오고 있어 경영은 순조로운 편입니다.

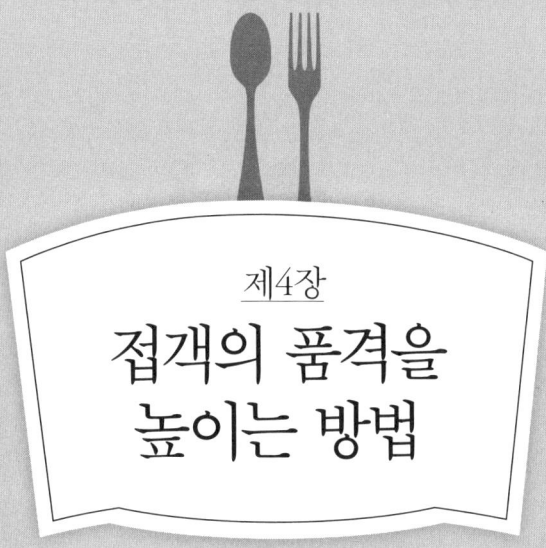

제4장
접객의 품격을 높이는 방법

접객에 서툰 요리사 때문에
고객이 떨어져 나간다

🧢 **어드바이저** : 오노 카즈히코
📋 **제안1** '사람'이 아니라 '명품 요리'로 고객을 사로잡아라
📋 **제안2** 블로그를 활용해 팬을 만들고 지명도를 올려라
📋 **제안3** "감사합니다!"를 3회 반복해서 외쳐라

🍲 **성과** 재방문 고객이 늘어나 월 매상이 50만 엔 상승했다

시즈오카 후지 시에 있는 숯불 꼬치구이 전문점 〈토리센〉은 판매량으로 승부하는 닭꼬치 전문점이다. 그런데 지금 가게를 맡고 있는 요리사가 접객에 서툴러 매상이 성수기의 절반 가까이 떨어졌다. 이것이 〈토리센〉 사토 사장의 고민이다.

사토 사장은 2006년 12월에 요리사인 사촌동생과 함께 〈토리센〉을 오픈했다. 그가 다른 사업을 하고 있어서 가게는 사촌동생이 맡고 있었는데, 후지 역 바로 앞이라는 좋은 입지 조건 덕에 초기 2년은 17평짜리 매장에서 월 180만~200만 엔 정도의 매상을 올리는 건실한 상태였다.

그런데 3년째 접어들면서 매상이 하향세로 돌아섰다. 원인은 크게 세 가지를 꼽을 수 있다. 첫 번째 원인은 불황과 시가지의 공동화 현상이다. 인근에 있던 대기업 제지공장에서 정리해고가 진행되면서 작은 공장들이 연이어 도산하고 있다. 게다가 전철역과 연결된 대형 쇼핑센터가 폐쇄되어 역 주변의 사람 출입이 눈에 띄게 줄어들었다.

두 번째 원인은 2호점 오픈이다. 사토 사장은 2009년 〈토리센〉에서 50미터 떨어진 곳에 73평짜리 〈닭꼬치이야기〉를 오픈했다. 〈토리센〉 객단가가 3,500엔인 것에 비해 2호점은 2,800엔으로 저렴하고, 매장도 널찍하고 시원해서 젊은 층을 중심으로 한 고객이 빠져 나간 것이다.

세 번째 원인으로는 요리사가 바뀐 것을 들 수 있다. 초기에 가게를 맡고 있던 사촌동생은 2009년에 퇴사를 했고, 그 뒤로 새로운 요리사를 고용했는데, 그는 요리 솜씨는 훌륭하지만 성격이 무뚝뚝해 손님들이 불편해 하는 것 같다. 이 점은 자신도 알고 있지만 손님의 눈을 보면서 웃는 낯으로 응대하는 일이 너무 어렵다고 한다. 언젠가부터 매장 분위기가 다운되어 재방문 고객도 확 줄어들고 말았다.

"사장인 제가 이끌어 주면 좋겠지만, 제가 하는 일이 많다 보니 좀처럼 시간이 나질 않네요. 어떻게 하면 좋을지……."

사토 사장의 고민을 들은 오노 선생은 접객에 서툰 가게라도 매상을 올릴 수 있는 대책을 제안했다.

제안1 '사람'이 아니라 '명품 요리'로 고객을 사로잡아라
대중적이고 손이 많이 안 가는 '순살닭튀김'이 유력한 후보

요리사의 무뚝뚝한 성격이 매상 저하의 원인 중 하나라고는 하지만, 접객이 안 되는 사람을 갑자기 접객의 달인으로 변신시키기는 어렵다. 오노 선생은 접객 기술을 익히느라 무리하기보다는 명물 요리를 만들어 '그 집의 그 음식이 먹고 싶다'고 하는 손님을 늘리는 편이 현실적이고, 요리사의 의식 향상에도 도움이 된다고 조언한다.

Step 1	Step 2	Step 3
정통 상품을 살짝 응용	메뉴를 매장 앞에 광고	판매량을 블로그에 광고
양을 많이 준다든가 약간 맵게 만드는 식으로 양이나 맛으로 임팩트를 준다.	눈에 띄는 장소에 메뉴를 제시. 맛있어 보이는 사진으로 유혹한다.	명물 요리를 집중적으로 팔아서 '○일간 ○접시 돌파!' 등의 문구로 어필한다.

〈토리센〉에는 그동안 명물 요리가 없었다. 그렇다면 어떤 메뉴를 명물로 만들면 좋을까? 오노 선생은 "꼬치는 끼우거나 굽는 작업에 손이 많이 가기 때문에 닭꼬치 메뉴를 줄이고 싶다"는 사토 사장의 의견을 반영해 '순살닭튀김'을 명물로 키울 것을 제안했다. 순살닭튀김은 꼬치 요리에 비해 손도 덜 가고 아르바이트생이라도 튀길 수 있을 만큼 작업 효율이 좋다. 게다가 누구나 좋아하는 대중적인 요리라 식당의 명물 요리로 만들기 쉽다.

그러면 어떻게 해야 이 메뉴를 명물 요리로 만들 수 있을까? 가장 쉬운 방법은, 음식 양이 많다거나 맛이 진하다는 식의 알기 쉬

'순살닭튀김'은 양념이나 튀김옷의 식감에 신경을 많이 썼다. 그리고 메뉴판의 첫 페이지에 크게 어필한 결과, 인기 상품으로 부상. 주문 수량이 두 배 이상 늘었다.

찐 다음에 구워서 조리 시간을 단축한 제2의 명물 요리 후보 '닭날개구이'. 주문을 받으며 "닭날개구이는 몇 개로 할까요?" 하고 물어 자연스럽게 주문으로 이어지도록 한다.

운 특징을 만드는 것이다.

명물 요리가 정해졌으면 상품을 손님들에게 인식시키는 단계에 돌입해야 한다. 이때는 메뉴판이나 매장 앞 포스터에 상품명을 눈에 띄게 표시하고, 사진을 올려 오감에 호소하는 것이 중요하다.

이에 더해 블로그를 잘 활용하면 고객들의 흥미를 불러일으킬 수 있다. 예를 들면 순살닭튀김을 일정 기간 동안 집중적으로 팔아 'ㅇ일간 ㅇ접시 돌파!' 같은 실적을 만든다. 10일 또는 한 달 정도를 단위로 잡으면 그 나름의 숫자가 나올 것이다. 이것을 블로그나 매장 앞 광고판에 홍보하는 것이다. 광고를 본 사람은 '이렇게 많은 사람이 먹었다는 것은 맛있다는 뜻이겠지!' 하고 흥미를 갖게 된다.

전문가 상담을 받은 직후 〈토리센〉에서는 간장 맛을 살리고 바삭바삭한 튀김옷을 입힌 순살닭튀김을 선보였다. 3조각, 5조각, 7

조각 등으로 메뉴를 구성해 손님이 개수를 선택할 수 있도록 하고, 메뉴를 눈에 띄게 표시해 블로그에 홍보를 한 결과, 손님의 80%가 주문하는 인기 상품으로 자리를 잡았다.

📔 제안2 블로그를 활용해 팬을 만들고 지명도를 올려라
블로그 타이틀에 도시 이름을 넣어 검색에 용이하게

오노 선생은 가게의 팬을 늘리고 지명도를 올리고 싶다면 블로그를 좀 더 효과적으로 활용해야 한다고 강조한다. 블로그는 무료인데다 누구나 쉽게 시작할 수 있으며, 손님을 대하는 데 어려움을 느끼는 사람이나 평소 현장에 없는 경영자도 참여할 수 있어 〈토리센〉 같은 가게엔 특히 유용한 홍보 채널이다.

하지만 블로그 홍보를 통해 손님을 불러들이기 위해서는 방문객 수가 어느 정도 확보되어야 한다. 닥치는 대로 써서 올리는 것만으로는 절대 독자가 늘지 않는다. 오노 선생은 방문객 수를 늘리기 위해서는 무엇보다 검색에 걸리기 쉽게 관리하는 것이 중요하다고 조언한다. 후지 시내에서 음식점을 찾는 사람은 먼저 검색 사이트에 '후지 시내 음식점', '후지 역 음식점', '닭꼬치' 등을 입력하여 검색하는 일이 많다. 때문에 블로그 타이틀에 '후지 시'나 '음식점' 등의 키워드를 넣고, 가능한 한 부지런히 블로그를 업데이트하라고 권한다.

방문자를 늘리기 위해서는 블로그 포스트 가운데 '후지 시'라는 단어를 사용하고 있는 사람이나 후지 시를 거점으로 하고 있는 사

▶ 블로그 타이틀에는 검색에 용이한 키워드를 활용한다.

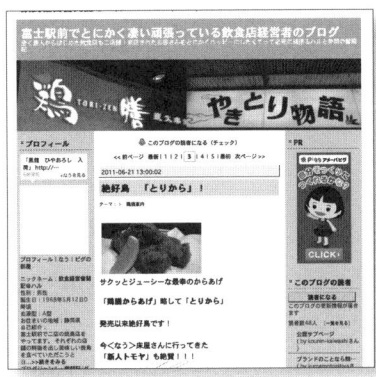

◀ 다른 블로그를 이웃으로 등록해 자신의 블로그 방문자 수를 늘린다.

● 블로그에 홍보성 포스트 올리기

람, 닭꼬치와 식도락에 흥미가 있는 사람을 중심으로 다른 블로그와 이웃을 맺는 등 보다 적극적으로 활동해야 한다고 지적했다.

실제로 오노 선생 자신도 다른 사람들의 블로그에 부지런히 이웃을 맺는 방법으로 방문자를 단기간에 3,500명까지 늘렸다고 한다. 그 체험을 기반으로 "하루 30분 정도만 투자하면 30명의 이웃이 될 수 있다"고 덧붙였다.

사토 사장은 오노 선생의 조언에 따라 '후지 역 앞에서 어쨌거나 무지하게 노력하고 있는 음식점 경영자의 블로그'라는 타이틀을 내건 블로그를 만들어 포스팅을 시작했다. 다른 블로그를 검색해서 이웃 등록을 할 시간까지는 낼 수가 없었기 때문에 그의 이웃은 50명 수준에 머물러 있다. 그러나 예약전화를 한 손님에게 "블로그 잘 보고 있어요" 하는 얘기를 듣는다거나 단골손님이 "얼마 전에 TV에서 취재 왔다면서?" 하고 말을 걸어주는 일이 적지 않다고 한다. 아직 매상으로 직결될 정도는 아니지만, 고객과의 커뮤니케이션에는 분명히 도움이 되는 것 같다고.

제안3 "감사합니다!"를 3회 반복해서 외쳐라
최소한 돌아갈 때만이라도 기분 좋게

요리사가 접객을 힘들어 한다고는 해서 손님을 그냥 내버려둘 수는 없는 노릇이다. 오노 선생과의 상담 끝에 사토 사장이 결정한 것은 '매장에 들어올 때와 나갈 때만이라도 좋은 인상을 남기자'라는 작전이었다.

"가게의 인상은 처음과 끝에서 결정이 납니다. 그 사이에 다소 마이너스 요인이 있다고 해도, 처음과 끝이 좋으면 고객의 만족도는 올라가는 법이죠."

오노 선생의 조언에 깊이 공감한 사토 사장은 모든 직원에게 가게에 손님이 들어왔을 때는 반드시 하던 일을 멈추고 "어서 오세요!" 하고 손님 쪽을 보면서 말할 것, 계산을 하고 매장을 나서는 손님에게는 최소한 세 번은 "감사합니다!"를 외치며 인사할 것을 요구했다.

손님 쪽을 보지도 않고 인사를 해봤자 상대방의 마음에는 와 닿지 않기 때문에, 우선은 손님을 바라보는 것이 중요하다. 첫 번째 감사의 인사는 들리지 않을지도 모르고, 두 번째는 다른 사람에게 하는 소리라고 생각할지 모른다. 세 번째는 "거 참 시끄럽네, 다 들었다니까!" 하고 말할지도 모르지만, 절대 기분 나빠하지는 않는다. 실제로 이 방법은 고객의 만족도를 높여 재방문을 늘리는 데 성과를 올리고 있다.

전문가 상담을 받고 나서

요리사 교체로 매상 급증!
접객의 중요성을 실감했습니다

전문가 진단을 받은 것은 지난 3월. 그때부터 '순살닭튀김'을 개발해 집중 홍보한 결과, 주문 수량이 눈에 띄게 늘어났습니다. 그래도 매상은 100만 엔 전후로 큰 변화가 없었는데, 7월부터 갑자기 상승곡선을 타기 시작하더니 최근 2개월은 150만 엔 수준으로 올라섰습니다.

매상이 크게 달라진 데는 요리사가 바뀐 것이 영향을 미쳤을 것으로 짐작됩니다. 5월에 1호점과 2호점을 겸임하는 조리 스태프를 한 사람 고용했는데, 그가 항상 웃는 낯으로 손님을 대하는 온화한 분위기의 사람이었던 겁니다.

손님이 매장을 나갈 때 하는 "감사합니다!"라는 인사도 전에 있던 요리사는 손님을 보지도 않고 나직이 웅얼거리는 게 전부였지만, 새로운 요리사는 원래의 의도를 충분히 살려 주고 있습니다. 그는 바로 손님들에게 인기를 얻었고, 동시에 매상이 상승곡선을 타게 된 것입니다. 전에 있던 요리사는 주방 안쪽 일만 하다가 결국에는 그만두고 말았습니다.

요리사가 바뀌고 나서 요리의 질은 솔직히 조금 떨어졌습니다. 그러나 고객 수가 늘어나 매상은 오히려 올랐습니다. 퇴근길에 혼자 들르는 손님이 많은 〈토리센〉 같은 가게에서는 고객의 마음을 편안하게 해주는 접객이 무엇보다 중요하다는 사실을 새삼스레 확인하게 되었습니다.

🍲 상담 이후 경영 상황

새로 온 요리사는 항상 친숙한 분위기로 고객들을 대한다. 그가 온 뒤 매상이 150만 엔까지 회복되었다.

식사를 마치고 나가는 손님에게 "감사합니다!"를 세 번 외치는 작전을 지속한 결과, 고객에게 "고마워요, 또 올게요"라는 인사를 받는 일이 많아졌습니다. 작은 일이라도 꾸준히 실천하면 효과를 거둘 수 있다는 사실을 통감했습니다.

아르바이트 직원에게도 보다 수준 높은 접대법을 익히게 하고 싶다

🎩 **어드바이저** : 카타데 에미

📓 **제안 1** 전 직원이 머리를 맞대고 접객의 기본 방침을 만들어라
📓 **제안 2** 서비스 프로로서의 자부심을 일깨워라
📓 **제안 3** 직원 스스로 생각할 수 있는 시간을 늘려라

🛎 **성과** 접객의 기본 방침을 공유하고 '스스로 생각하는 접객'을 실천하게 되었다.

오사카 나가이 역에서 도보 3분, 주택가의 한 코너에 닭꼬치집 〈쵸비〉가 있다. 가까이에 지역 상점가도 있어 나쁘지 않은 입지다. 평일에도 저녁 8시 즈음에는 31석인 좌석이 거의 다 찬다.

그도 그럴 것이 매일 아침 들어오는 신선한 닭을 사용하면서도 한 개에 105엔이라는 저가로 맛있는 닭꼬치를 제공하기 때문이다. 게다가 500엔대부터 제공하고 있는 착한 가격의 메뉴도 고객들을 만족시키는 요소의 하나다. 15평의 매장에서 1일 평균 7만 엔, 1개월에 200만 엔 전후의 매상을 올리고 있으니 정말 대단하다.

익숙한 얼굴의 동네 주민이 고객의 90%를 차지하는 닭꼬치집 〈쵸비〉.

〈쵸비〉는 밖에서 볼 때는 전혀 문제가 없어 보이는 인기 가게지만, 우라노 사장은 커다란 불만을 품고 있었다. 그는 "직원들의 접객 태도가 만족스럽지 않다"고 잘라 말한다.

"평균 이상의 서비스는 되던걸요!"

카타데 선생이 고개를 갸웃거렸다. 카타데 선생은 우라노 사장에게 구체적인 이야기를 듣기 전에 손님으로서 〈쵸비〉를 방문해서 직원들의 접객 상태를 체크했었다. '평균 이상'이라는 그의 발언은 그 경험을 바탕으로 한 것이었다.

우라노 사장 역시 직원들의 인사나 추천 요리 설명 등이 만족스럽지 않다는 뜻은 아니라고 설명한다. 그렇다면 우라노 사장의 불만은 대체 무엇인 걸까? 그의 이야기를 차분히 들어보면 어렵지 않게 결론에 도달할 수 있다.

"손님이 부르지 않더라도 추가 주문을 받으러 가고, 담배꽁초가 가득 차기 전에 재떨이를 교환해 주고, 단골손님과 아닌 손님을 잘 구별하여 건네는 말을 달리 하고……. 접객은 그렇게 해야 하는 거 아닐까요?"

그러면서도 두 번째 음료를 가져다 준 뒤에 반드시 추가 주문에 대해 물어보는 식의 '룰'을 만드는 것은 '좋아하지 않는다'고 한다. 그런 건 부자연스러운 일로, 마치 로봇 같아서 싫다는 얘기다.

공부도 열심인 우라노 사장은 기회가 있을 때마다 접객의 기술을 가르치는 세미나에도 참석했다고 한다. 그래서인지 우라노 사장이 원하는 서비스의 수준이 너무도 높았던 것이다. 너무 이상으로만 치닫는 듯한 우라노 사장에게 카타데 선생은 차분한 어조로 이야기했다.

"어깨의 힘부터 빼고, 좀 더 기본적인 것부터 생각해 봅시다."

제안1 전 직원이 머리를 맞대고 접객의 기본 방침을 만들어라
직원들 간 접객 수준의 차이를 줄여라

〈쵸비〉 주방에는 "또 올게요!'라는 인사를 부르는 접객"이라는 제목의 접객 매뉴얼이 붙어 있다. 여기에는 손님맞이, 좌석 안내, 인사, 음료 주문 등 손님이 매장에 들어와서 나가기까지의 과정 하나하나에 대해 직원이 해야 할 행동이 구체적으로 적혀 있다. 우라노 사장이 세미나에서 배운 것, 직원들에게 가르친 것을 자기 나름대로 정리한 것이다.

접객의 프로인 카타데 선생도 그것을 보고는 놀랍다는 표정을 지어 보였다.

"개인 매장 중에 이렇게까지 정밀한 접객 매뉴얼을 만들어 놓은 곳은 본 적이 없습니다."

전 직원이 아르바이트생이면서 카타데 선생에게 '평균 이상'이라는 평가를 받은 〈쵸비〉. 물론 경력 있는 직원과 갓 들어온 신입은 당연히 차이가 있었다.

우라노 사장의 불만은 그 매뉴얼이 매장에서 제대로 지켜지지 않고 있다는 점이었다. 그 이유는 두 가지로 생각해 볼 수 있다. 첫째는 직원들이 원칙에 얽매이는 것을 염려한 우라노 사장이 이 매뉴얼에 대해 그다지 열심히 가르치지 않았다는 점, 둘째는 항목이 너무 많아 직원들이 다 외울 수 없다는 점이다.

카타데 선생이 매장을 방문했을 당시, 〈쵸비〉의 직원은 모두 5명이었지만 그중 정직원은 한 명도 없고 전부 아르바이트였다. 게다가 음식점 경험이 채 1년도 안 되는 사람이 3명이나 되었다. 그러다 보니 직원 간 접객 수준에도 차이가 있을 수밖에 없었다. 그 차이를 줄여서 한 단계 위로 올라서기 위해서는 무언가 조치가 필요했다. 우라노 사장의 매뉴얼을 전부 외워서 실천하라고 하는 것은 현실적으로 불가능한 이야기다.

카타데 선생의 제안은 "접객의 기본 방침을 직원들과 함께 논의해서 새롭게 작성해 보자"는 것이었다.

항목이 적으면 일하는 시간이 짧은 아르바이트라도 외우기 쉽고, 자신이 참석해서 함께 정한 방침이라면 필요한 이유도 충분히 납득할 수 있을 것이다. 꼭 사장이 제시하지 않더라도 실천한다는 얘기다.

- 접객 매뉴얼은 정밀함보다 외우기 쉽고 실천 가능한 것들로 구성하는 것이 중요하다.

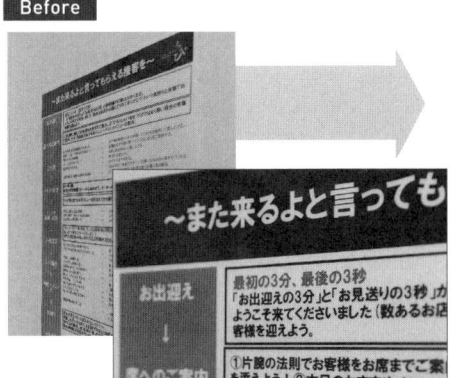
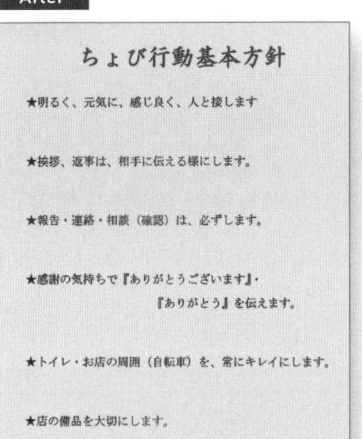

상담 이후 3개월이 지난 지금, 〈쵸비〉의 주방에는 '쵸비 행동 기본 방침'이 붙어 있다. 카타데 선생의 제안을 받아들여 전 직원이 참석해서 정리한 것이다. 전부 6개의 항목으로 전과 비교하면 크게 줄었다. 내용도 '밝게, 힘차게, 느낌 좋게 손님을 대합니다' 같이 간단한 것뿐이다. 신입 직원에게는 매장에 올 때마다 세 번씩 소리 내서 읽게 하는 등 〈쵸비〉의 접객의 기초가 형성되고 있다.

제안2 서비스 프로로서의 자부심을 일깨워라
몸가짐을 바르게 하는 것부터 시작하라

"직원은 매장의 얼굴이며 간판입니다. 정직원인지 아르바이트

인지는 손님과는 상관없는 일이지요. 서비스 프로로서의 자부심을 일깨워 줄 필요가 있습니다."

카타데 선생은 '자부심이 부족한 사례'로 한 직원이 이름표를 달지 않은 채 손님을 대하고 있던 일을 얘기했다. '겨우 이름표 하나 가지고'라고 가볍게 생각해서는 안 된다. 자신의 본업이 학생이건 프리랜서건 일단 가게 유니폼을 입고 이름표를 달면 매장의 일원일 뿐이다. 손님 쪽에서 보면 그야말로 서비스 프로인 것이다. 반대로 이야기하자면, 몸가짐을 바르게 하는 것은 스스로 프로로서의 자부심을 일깨우는 기초가 된다.

카타데 선생의 얘기를 듣고 조사를 해보니 선생이 사례로 들었던 그 직원은 이름표를 허리 부분에 달고 있었다. 이름표를 안 단 것은 아니지만, 손님이 잘 볼 수 없다면 안 단 것과 다를 바 없다. 여자 직원들이 정확히 가슴 부위에 이름표를 달고 있는 데 비해 남자 직원들은 모두 허리춤에 이름표를 달고 있었다.

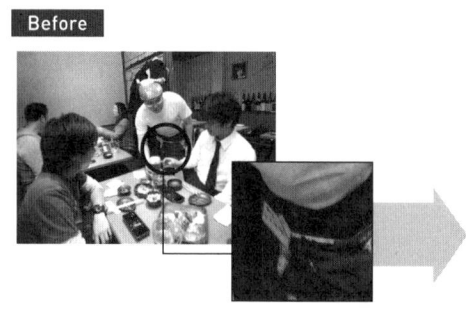

아르바이트 직원에게도 서비스 프로로서의 자부심을 일깨운다. 그 일환으로 반드시 가슴에 이름표를 달도록 지도했다. 셔츠 가슴 부분에 안감을 덧대는 등 옷핀 때문에 셔츠가 찢어지지 않도록 배려했다.

그 차이는 매장에서 준비해 둔 유니폼에서 오는 것이었다. 남자 직원용 유니폼은 일반적인 티셔츠로, 같은 자리에 계속 이름표를 달면 핀 때문에 셔츠가 찢어지기 쉬운 스타일이었다. 남자 직원들은 유니폼을 보호하기 위해 이름표를 허리 부분에 달고 있었던 것이다. 반면에 여자 직원용 유니폼은 가슴까지 가리는 두꺼운 앞치마 스타일이라 이름표를 핀으로 고정해도 옷에 손상이 생기지 않았다.

카타데 선생의 지적을 받고 이 사실을 알게 된 우라노 사장은 곧바로 남성 유니폼의 개량에 착수했다. 티셔츠의 가슴 부분에 두꺼운 안감을 덧대 강도를 높인 것이다. 지금은 남자 직원들도 모두 이름표를 가슴에 달고 있다. 이것이 계기가 되어 이름표 다는 것을 잊어버리는 일도 없어졌다.

전문가 상담을 계기로 아르바이트 중 한 사람을 '리더'로 임명한 것도 직원들의 의식 변화를 위한 또 하나의 장치다. 우라노 사장의 지시는 리더를 통하여 스태프에게 전달하도록 했다. 우라노 사장이 스태프를 혼내면 리더는 감싸 주는 역할을 맡는 본인의 프라이드를 자극하여 모두 모범이 되도록 만드는 것이다. 별 것 아닌 작은 일이지만, 모두의 의식이 변하고 있다.

제안3 직원 스스로 생각할 수 있는 시간을 늘려라
직원과의 커뮤니케이션을 활성화해 접객 능력을 높여라

일하는 요일도 시간도 제각각인 직원들과의 커뮤니케이션에 사용하고 있는 것이 '연락장'이다. 사장이 직원들에게 지시할 내용이나 직원이 사장에게 보고할 내용을 연락장에 메모해 두면 서로 확인하는 방식이다.

카타데 선생은 "연락장을 직원 스스로 접객에 대해 생각하는 도구로 만들자"고 제안했다. 우라노 사장이 접객에 관한 질문을 던져 놓으면, 직원들이 자기 나름의 답을 적어 넣는다. 그 과정을 반복함으로써 접객에 대해 생각하는 것을 습관화하자는 말이다.

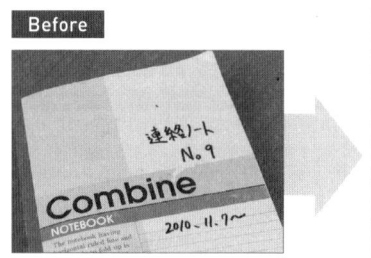
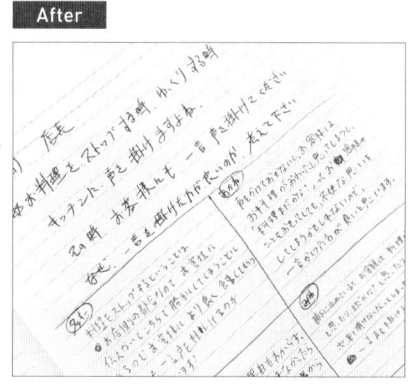

직원들과의 연락 수단이었던 연락장을 사용하여, 직원 스스로 접객에 관해 생각하는 일을 습관화하고자 했다.

이 제안도 곧바로 실행에 옮겨졌다. "폐점 전의 주문 마감에 대해 고객에게 왜 이유를 설명해야 하는 것일까?"처럼 당연한 듯 보이지만 생각하지 않으면 답할 수 없는 질문들이 연락장을 채웠다.

"모두들 열심히 생각해서 답을 적어 넣고 있어요."

이런 질문들에 대한 답을 찾으며 손님을 맞이해서인지, 자연스럽게 직원들의 대처 능력이 높아졌다. 우라노 사장은 확실하게 그 변화를 느끼고 있다.

👤 전문가 상담을 받고 나서

수준 높은 접객에 대해 이해하게 된 것이 가장 큰 수확입니다

접객에 관해서는 제 나름대로 공부도 했고, 직원들의 수준을 높이기 위해 공도 꽤 들였다고 확신하고 있었습니다. 그러나 전문가의 조언을 받고 나서 가장 중요한 기본이 완전히 빠져 있었다는 것을 통감했습니다. 매장에서 고객들을 어떻게 대해야 할지, 그것은 저 혼자 정할 것이 아니라 전 직원이 의논해서 결정해야 한다는 중요한 사실을 알게 된 것입니다.

'행동 기본 방침'을 만들고, 스태프 한 사람 한 사람이 접객에 대해서 스스로 생각하게도 되었습니다. 이것은 작지 않은 변화입니다. 실제로 지진해일의 영향을 걱정하고 있던 올해의 황금연휴에도 작년 같은 시기와 비교하여 98%의 매상을 올렸습니다. 우리 매장은 90% 이상이 단골손님이기 때문에 직원들의 변화를 손님들이 금방 느끼고 좋게 받아들여 주신 것 같습니다. 그러나 여기서 만족하지 않고, 한층 더 수준 높은 서비스를 목표로 나아갈 것입니다.

🍲 상담 이후 경영 상황

직원들과 시간을 만들어 대화를 계속하며 서비스의 내용과 목적을 재확인하고 있습니다. 그 결과, 각자가 목표를 세워서 실행하게 되었습니다. 아르바이트 직원의 정착률은 그다지 높아지지 않았지만, 계속 근무하고 있는 아르바이트 직원의 의식 수준은 확실히 높아졌습니다. 서비스 수준 향상 등에 힘입어 월 매상은 5% 정도 향상되었습니다.

고집스레 지켜온 좋은 육질을
고객에게 알리고 싶다

🎩 **어드바이저** : 카타데 에미

📝 **제안1** 이상적인 가게와 직원의 모습에 대해 함께 얘기하라
📝 **제안2** 말과 미소와 행동으로 가게의 마음을 전하라
📝 **제안3** 이른 시간, 평일 저녁시간대의 손님을 늘려라

🍽 **성과** 손님에게 물수건을 직접 건네며 추천 메뉴를 홍보해 월 매상이 60만 엔 상승했다

A5 등급의 최고급 와규를 주력 메뉴로 하는 고깃집 〈우시와카〉는 2004년에 오픈했다. 최고급 고기만을 고집하고 있기에 맛있는 음식에는 그만큼의 금액을 지불해도 좋다고 생각하는 고객을 타깃으로 설정하고 있다. 실제로 한번 오면 1인당 5천 엔 이상의 매상을 올려 주는 단골손님도 적지 않다. 반면 1인당 1,500~2,500엔에 그치는 손님도 많다.

"우리 집 고기에 대한 자부심을 좀 더 많은 고객에게 알리고 싶습니다."

〈우시와카〉는 고기를 좋아해서 한번에 1인당 5천 엔 정도의 매상을 올려 주는 단골손님도 많다. A5 등급의 최고급 와규가 주력 메뉴(와규 상급등심 1,575엔, 와규 특상갈비 1,890엔 등)다.

이것이 우메타니 사장의 한결같은 바람이다.

과거 최고의 월 매상은 2008년 8월의 730만 엔. 평균 월 매상은 500만 엔 정도를 유지하고 있다. 우메타니 사장은 "우리 집의 강점은 의사 그룹의 단골이 있다는 것과 우리 건물이라 월세가 들지 않는다는 것입니다"라고 설명한다.

반면 아르바이트를 고용하고 있어서 직원들의 서비스가 한결같지 않다는 점은 개선되어야 할 문제다. 또 하나의 고민은 '고객을 어떻게 분산시켜야 할까' 하는 것이었다. 토요일이나 일요일에는 자리가 없을 정도로 손님이 밀려드는 반면, 평일에는 주말에 비해 한산해 손님들을 평일로 유도할 방법이 없을까 고심 중이다.

매장에서는 고기에 대한 자부심을 어필하기 위해서 그날의 추천 품목을 써놓은 보드를 손님 테이블로 가져간다. "오늘 좋은 고기가 들어왔습니다. 한번 드셔 보시겠어요?"라고 추천을 해보는데, 아직까지는 "아니에요, 치워 주세요"라며 귀찮아하는 손님이 많다. 반대로 손님이 흥미를 보여도 아르바이트 직원이 설명을 제대로 못해서 "됐어요, 그냥 이걸로 할래요!"로 끝나는 일도 있다.

아르바이트 직원에게는 사전에 고기 부위에 대해 설명하고 있지만, 일주일에 하루나 이틀 일하는 것이 전부이기 때문에 실컷 설명을 듣고도 잊어버리기 일쑤다.

이에 대하여 카타데 선생은 "자부심을 가진 가게로서의 인지도를 높이고 매상을 늘리기 위해서는, 직원들의 마음을 하나로 만드는 것이 중요합니다"라고 지적한다. 이를 위해서는 먼저 전 직원이 한데 모여서 가게의 비전을 정하고, 어떤 부분을 고객에게 어필해야 할지를 정한다. 그리고는 한번 정한 일은 아무리 바빠도 빠뜨리지 않고 계속 실천해 나가도록 한다.

📓 제안1 이상적인 가게와 직원의 모습에 대해 함께 얘기하라
직원들의 마음을 하나로 만들어라

"앞으로 3분간, 좋은 가게의 조건을 다섯 가지 이상 자유롭게 써보세요!"

카타데 선생이 우메타니 사장과 하라다 주임에게 말했다.

두 사람은 '활기차고 정직한 가게', '열심히 일하는 직원이 많은 가게', '고객 대응력이 있는 가게' 등 이상적인 가게의 모습을 써내려갔다.

가게의 이념을 만드는 데는 사장의 의견을 크게 반영해도 상관없다. 중요한 것은 모두가 참여해서 함께 정하는 것이다. 그래야 동기부여 효과가 높기 때문이다. 그러나 이때는 잠시 유학을 떠난 아르바이트 직원이 있어서, 그의 의견은 귀국 후에 받아서 추가했다. 그렇게 해서 '이상적인 가게와 종업원의 모습'이 완성되었고, 그것을 보기 좋게 정리해서 눈에 잘 띄는 장소에 붙여 놓기로 했다.

카타데 선생은 이렇게 해서 만든 가게의 이념을 바탕으로 매월 각각의 직원들에게 지금 어떤 기술을 몸에 익혀야 하는가를 '숙제'로 내줄 것을 권했다. 또한 고기에 대한 자부심을 전하기 위해서는 모든 스태프가 어느 수준 이상의 상품 지식을 지닐 필요가 있다고 강조하고, 반복적인 교육을 통해 직원들이 이를 숙지하도록 했다.

> **문제**
> '제비추리'는 어떤 부위일까요?
>
> **정답**
> 어깨, 등, 견갑골 부위
>
> **해설**
> 제비추리는 등심이나 안심에 비해 고객들의 질문이 많은 부위. 희소 가치가 있는 부위라는 것도 곁들여 설명하도록 한다.

제안2 말과 미소와 행동으로 가게의 마음을 전하라
항상 '이 지역 최고의 고기입니다!'란 말을 덧붙여라

고기에 대한 자부심을 설명하는 법에 대해 카타데 선생은 다음과 같이 조언했다.

"A5 등급의 와규라고 해도 고객에게 전해지기는 어렵습니다. 예를 들면 제가 컨설팅을 한 어느 가게에서는 목장을 '쿠라모토'라고 부르며, 손님 테이블에 고기를 가져갈 때는 반드시 '○○○지역의 쿠라모토가 키운 고기입니다'라고 이야기하고 있습니다."

쿠라모토라는 단어는 에도시대 '공미나 특산물 등을 저장 판매

하기 위해 보관하는 저택을 관리하던 무사'를 가리키는 것으로, 전통과 격식을 느끼게 한다. 때문에 이 한마디만으로도 자신들의 고기에 대한 자부심이 전해진다고 한다.

"한마디로 가게를 표현하는 것에 대해 생각해 보세요. 예를 들어 '메이세키 최고의 고기입니다!' 정도도 좋겠지요. 다만 손님이 '뭐가 최고인데?'라고 물어왔을 때 모든 직원이 대답할 수 있어야 합니다."

동시에 손님을 대할 때는 항상 웃는 얼굴로 응하는 것이 바람직하다. "아무리 바빠도 웃는 낯으로 대하고 있습니까?"라는 카타데 선생의 질문에 "솔직히 그렇지 못합니다"라고 답하는 우메타니 사장.

"너무 바빠서 미소가 사라진 직원이 눈에 띈다면 밝은 어조로 '스마일~' 하고 말을 걸어 주세요. '웃어야지!'라며 주의를 받는다고 해서 미소가 저절로 만들어지진 않으니까요."

실제로 서로에게 "스마일~!" 하고 생기 있게 말을 걸어 주는 것만으로도 우메타니 사장을 비롯한 모든 직원의 얼굴에 미소가 돌아왔다.

호감도를 높이기 위해서는 손님을 보낼 때의 인사도 중요하다. 손님이 매장을 나설 때 "감사합니다!" 하고 인사를 하고, 손님이 보이지 않게 된 시점에서 다시 한 번 커다란 소리로 "감사합니다!" 하고 인사할 것을 권했다. "더 이상 신경 쓰지 않겠지 생각할 때 등 뒤에서 인사를 받으면 '이렇게까지?' 싶은 마음에 좋은 인상을 줄 수 있다"는 것이 카타데 선생의 가르침이다.

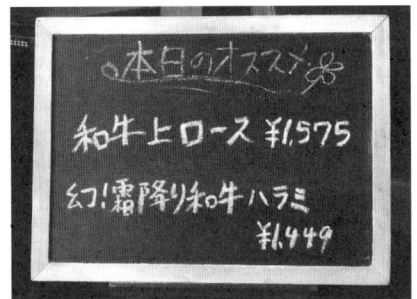

▲ 1,449엔 하는 와규 안창살 등 고가이긴 해도 자신 있게 추천할 수 있는 메뉴의 주문량이 급증했다. 월 매상은 전년과 대비하여 7월 50만 엔, 8월 60만 엔이 상승했다.

◀ "물수건입니다. 받으세요!" 하고 한 사람 한 사람에게 직접 물수건을 건네게 한 결과, 손님과 직원들의 대화가 급증했다. 추천 메뉴는 보드에 써넣자 테이블에 올려놓았을 때보다 주문량이 늘었다.

    손님이 보이지 않게 될 시점에 "감사합니다!" 하고 인사를 하는 방법은 9월 중순 이후에 시작할 예정이다. 9월이면 고깃집의 성수기인 여름이 끝나고 홀 작업에 여유가 생기기 때문이다.

    상담을 통해 모든 직원의 마음을 하나로 모으는 일의 중요성을 깨닫게 된 우메타니 사장은, 직원회의를 통해 고객을 더욱 만족시키기 위한 의견을 구했다.

    그러자 대학생 아르바이트의 리더인 야마시타가 "손님에게 물수건을 직접 건네주는 건 어떨까요?" 하며 뜻밖의 제안을 내놓았다. 자신이 어느 식당에 손님으로 갔을 때 그런 대접을 받으니 기분이 좋았다는 것이다. 물수건을 직접 건네주는 것이라면 따로 준비할 것도 없다. 즉시 모든 종업원이 실행하도록 했다.

    물수건 건네기를 직접 해보니 직원들과 손님 사이의 대화의 계기가 되어 확실히 부드러운 분위기를 이끌어냈다. 특히 야마시타는 한 회사의 사장이 마음에 들어해서 그 회사 직원들이 빈번하게 가게를 이용해 주는 성과까지 얻었다. 게다가 추천 메뉴를 쓴 보드에 관심을 보이는 손님도 급증했다.

📝 제안3 이른 시간, 평일 저녁시간대의 손님을 늘려라
'이날, 이 시간에 오면 좋아요' 하고 계속 이야기하라

(子供連れのお客へ、子供にかまってあげながら)
早い時間帯なら、
もっとゆっくりして
いただけますので…

➡お詫びしながらの一言。利用に最適な時間帯を知らせることで、ピークタイム以外の来店を促す。この取り組みを続けた結果、片出氏の指導する店では、土・日の17時からのお客の8割が子供連れになった

● 오후 5시부터 손님을 불러들이는 방법
"조금 더 일찍 오시면 더 천천히 즐겁게 식사할 수 있습니다" 하는 식의 안내문을 준비한다.

예를 들어 어린이 동반 손님이 있다면 "좀더 이른 시간대에 오셨다면 아이들도 좀 더 여유 있게 식사할 수 있었을 텐데, 죄송합니다" 하는 식으로 사과를 한다. 동시에 아이들과 함께 이용하기에 최적의 시간대를 알려주며 피크타임 이외에 방문을 권한다. 이 작전을 계속한 결과, 카타데 선생이 지도한 가게에서는 토요일 오후 5시부터 오는 고객의 80%가 어린이 동반객이었다.

"지방은 인구가 적기 때문에 손님 특성별로 편안한 요일이나 시간대를 제안해 주는 일이 손님을 끌어들이는 데 효과적입니다."

예를 들어 토요일 오후 5시에 아이를 동반한 손님을 집중시키

면, 7시 피크 타임에는 다른 손님을 받을 수 있다.

　마찬가지로, 주말에 '소 혀'나 '소 간' 등 수량이 한정되어 있는 부위를 주문하는 손님에게는 "미리 전화 주시면 월요일에는 생간을 따로 챙겨드릴 수 있는데……"라는 영업용 멘트를 모든 직원이 반복하기를 권했다. 평일 저녁에 오는 손님을 늘리고 싶다면, 평소부터 이렇게 조금씩이라도 노력을 계속하는 수밖에 없다. 고깃집의 경우, 희소 부위를 먹고 싶은 손님은 평일에 오는 편이 먹을 가능성이 높을 테니까 서로에게 좋은 제안이 될 것이다.

🔍 전문가 상담을 받고 나서

"비싸지만 맛있으니까"라는 평가를 받는 이 지역 최고의 가게를 목표로

7월 매상은 전년 동월 대비 50만 엔 상승, 8월도 마찬가지로 60만 엔이 상승되었습니다. 올해 유난히 더웠던 것도 사람들을 고깃집으로 불러들이는 하나의 요소가 되었습니다만, 이번 상담을 계기로 시작한 '물수건 직접 건네기'가 아주 효과적이었던 것 같습니다.

카타데 선생님께서는 직원들에게 동기부여를 하는 방법이나 접객 기술 등을 알기 쉽게 가르쳐 주셨습니다. 가을이 되면 손님들의 발길도 좀 뜸해져 여유가 생길 테니, 어드바이스를 받고서도 아직 실천하지 못한 배웅 인사 같은 일도 시작해 보려고 합니다.

또한 평일 고객을 모시기 위해 2~3인분에 6,900엔 하는 세트 메뉴를 하루 7인분 한정으로 시작할 예정입니다. 앞으로도 이 지역에서 모르는 사람이 없는, '비싸지만 맛있는 집'을 목표로 노력하겠습니다.

🍽 상담 이후 경영 상황

전문가 상담을 받고 나서 쭉 순조로운 상승곡선을 타고 있었는데, 한 쇠고기 전문점에서 O157 세균에 감염된 육회로 인한 사망 사고 등이 생기면서 매상이 더 이상 늘어나고 있지는 않습니다. 다시금 전 직원의 마음을 하나로 다잡아 고기에 대한 자부심을 어필하는 것으로 경영을 새롭게 하고자 합니다.

접객을 못하는 점장에게
팬을 만들어 주고 싶다

- **어드바이저** : 키노시타 나오유키
- **제안1** 기억에 남는 메뉴가 있어야 가게가 산다
- **제안2** 전단지에는 대표 메뉴와 가격을 공개해 관심을 유도하라
- **제안3** 재방문 고객 대상의 판촉 활동을 구상하라

- **성과** 단골손님의 방문 빈도가 늘어서 월 매상이 60만 엔 상승했다

    토종닭과 해산물 숯불구이 전문점 〈키자시〉의 직원은 요리사 두 명이 전부다. 그 중 하나가 나카노 사장, 또 다른 사람이 가쿠다 점장이다. 〈키자시〉는 주택가 골목에 자리하고 있어서 지다가다 우연히 들어오는 고객이 적기 때문에 단골손님을 소중히 여겨 왔다. 그런데 최근 단골손님의 방문 빈도가 줄고 있어 고민이다.

    2008년 여름의 월 매상은 200만 엔을 넘는 수준이었는데, 2009년 3월부터 매상이 떨어지기 시작해 같은 해 여름에는 월 매상이 160~170만 엔까지 떨어졌다. 그 원인 중 하나로는 나카노 사장이

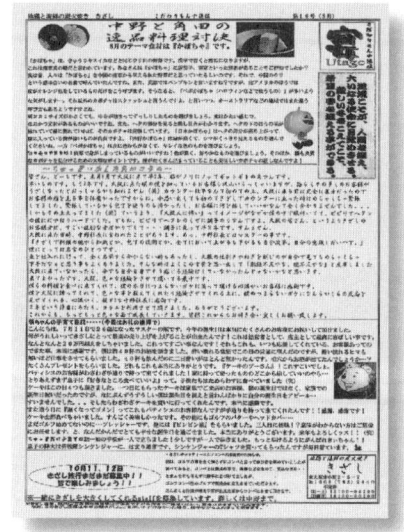

● 단골 만들기에 힘쓰다 보니 팬까지 생겼다
1년 반 전부터 매월 직접 만든 신문을 발행하고 있으며, 사장과 점장의 요리 대결 이벤트를 기획하고 있다.

잠시 매장에 소홀했던 점을 꼽을 수 있다. 이듬해에 새 매장을 낼 계획이 있어 공부에 전념하느라 〈키자시〉를 점장에게 맡기고 매장에 나오는 시간을 줄였던 것이다.

점장은 나카노 사장과 함께 요리를 배운 동기로, 요리 솜씨는 자신보다 한 수 위라는 것이 나카노 사장의 생각이다. 다만 점장은 손님 한 사람 한 사람에게 맞춘 요리와 접객 태도가 매끄럽지가 않다. 나카노 사장의 경우, 단골 만들기에 힘쓰다 보니 팬까지 생겼는데, 점장은 영 그렇지가 못한 형편. 나카노 사장은 자신의 팬을 점장, 또는 가게 자체의 팬으로 만들고 싶다고 말한다. 이에 대해 키노시타 선생은 다음과 같이 잘라 말했다.

"사람만이 아니라 요리로도 고객을 부를 수 있는 매장으로 만들어야 합니다."

인간성으로 승부할 수 있는 가게는 강하다. 하지만 이런 가게는 사장이 장기 입원이라도 하는 날에는 문을 닫아야 하는 위기에 봉착하게 된다. 그런 위기상황에서도 '이 집은 요리가 좋아'라고 생각하는 손님은 매장을 계속 찾을 것이다. 〈키자시〉 하면 바로 떠오를 만한 요리를 만들어 전문점으로 인식되어야 한다는 것이 키노시타 선생의 제안이다.

그러기 위해서의 대표 메뉴를 만든 다음, 그것을 지속적으로 홍보해야 한다. 대표 메뉴가 매상에 미치는 영향에 대해 키노시타 선생은 다음과 같이 사례를 들어 설명했다.

"한 꼬치집에서는 닭꼬치의 매상 비율이 7~8%일 때는 월 매상이 500만 엔이었는데, 15%가 되자 800만 엔, 25%가 되자 1,500만 엔으로 실적이 올랐습니다. 다시 말해서, 전문점으로서의 강점을 내세워 그것을 매상으로 연결시키기 위해서는 대표 메뉴의 매상을 25%까지 늘릴 필요가 있다는 것이지요."

나카노 사장은 가게의 자랑거리인 토종닭과 해산물 각각의 대표 메뉴를 만들기로 했다.

제안1 기억에 남는 메뉴가 있어야 가게가 산다
두 기둥인 닭과 해산물로 대표 상품을 만들어라

요리로 고객을 불러들일 만한 가게로 만들기 위해서는, 한 번 먹으면 잊을 수 없는 '대표 메뉴'를 만들어야 한다. 그리고 그 대표 메뉴는 '차별화된 익숙한 메뉴'인 것이 좋다. 아무도 맛을 상상할

Before

같은 상품명이라도 양을 늘리고, 뜻밖의 맛이나 서비스가 더해져 있을 때 기억에 남는다(980엔).

After

전에는 평범한 '3종 모둠회'(위)였지만, 올해부터 '3종'이라는 이름은 그대로 두고 5종 모둠을 내는 스타일로 변경했다. "서비스입니다!"라고 이야기하면 고객이 좋아한다(1,080엔).

● 대표 상품 개발의 키워드

볼륨
- 한 사람당 한 접시가 아니라 큰 접시에 한꺼번에 담아낸다.
- 고기의 양은 1.5~2배로 늘린다.
- 고추냉이 같은 양념을 깜짝 놀랄 만큼, 산처럼 쌓아서 제공한다.

구매욕
- 뜨거운 철판에 올려 지글지글 소리를 낸다.
- 차갑게 내는 요리 아래에는 얼음 조각을 깐다.

맛의 임팩트
- 양념은 '진한 맛'으로 한다.
- 매운 맛 등으로 악센트를 준다.

눈요기
- 눈앞에서 뜨거운 철판에 소스를 붓는다.
- 눈앞에서 치즈를 갈아 요리에 뿌린다.

한 품목에 이중 두세 가지를 집어넣도록 한다.

수 없는 독창적 요리여서는 안 된다. 회나 닭꼬치, 순살닭튀김 같은 일반적인 요리에 그 집 특유의 아이디어를 더해서 만드는 것이다. 이것이 대표 요리 만들기의 정석이다.

중요한 것은 이 아이디어에 대한 접근 방법인데, 이때 두 가지를 염두에 두어야 한다. 하나는 식재료의 산지와 만드는 법에 자부심이 있어야 한다는 것, 또 하나는 볼륨감과 구매욕을 일으키는 것이다. 키노시타 선생은 이중 두 번째 요건을 강조했다.

"소재의 고급화를 꾀하다 보면 값은 비싼 반면 양이 적어 매력

없는 요리가 되기 십상입니다. 볼륨도 있고 맛도 있는, '맛의 근원적인 가치'를 추구하는 요리라야 기억에 남습니다."

맛의 근원적 가치를 만드는 조건으로는 ①볼륨감 ②구매욕 ③맛의 임팩트 ④눈요기(고객 눈앞에서 완성) 등을 들었다. 대표 메뉴는 이 가운데 적어도 두세 가지의 조건은 만족시켜야 한다.

예를 들면, 모듬회는 얼음 조각 위에 올려 볼륨과 구매욕을 자극한다. 토종닭 숯불구이는 본래 양의 2배를 담고, 뜨거운 철판에 담아 지글지글 소리를 내면서 제공한다. 닭꼬치구이도 모듬으로 볼륨감을 주고, 그 가운데 고추냉이를 산같이 쌓아 올린 닭가슴살이나 정신이 번쩍 날 정도로 뜨겁게 구운 방울토마토 꼬치를 함께 내놓는 식이다.

나카노 사장은 기노시타 선생의 조언을 바탕으로 회와 닭꼬치 각각의 대표 메뉴 만들기에 도전했다. 원래 한 꼬치에 40~50그램 정도 되는 큰 덩어리의 닭꼬치를 6개 모듬(800엔)으로 만들어 가격 대비 만족도를 끌어올렸고, 회는 3종 모듬을 주문하면 "서비스입니다!"라고 말하며 5종 모듬을 제공했다. 이처럼 음식 양을 늘려 뜻밖의 즐거움을 제공했더니, 고객들 또한 폭발적인 반응을 보여주고 있다.

제안2 전단지에는 메뉴와 가격을 공개해 관심을 유도하라
대표 메뉴의 매상 올리기 + 신규고객 확보

대표 메뉴의 매상을 늘리기 위해서는 판촉 활동을 빼놓을 수 없

● 한쪽에는 가게의 얼굴이라 할 수 있는 대표 메뉴를, 다른 한쪽에는 가격을 표시한다

다. 나카노 사장은 '할인 쿠폰을 뿌려도 일시적인 효과만 있을 뿐'이라고 결론짓고, 최근 1~2년 동안은 쿠폰 없는 전단지를 제작해서 시간이 날 때마다 가까운 지역에 조금씩 배포해 왔다.

전단지를 몇 장 살펴본 키노시타 선생은 "식재료에 대한 자부심은 많이 쓰여 있지만, 가격 정보가 부족해서 어느 정도의 예산으로 갈 수 있는 음식점인지를 알 수가 없네요. 신규고객은 음식값이 얼마나 나올지 모르는 두려움에 쉽게 매장 안으로 들어설 수 없을 겁니다"라고 잘라 말했다. 그는 전단지에는 가격과 대표 상품 정보를 함께 실어서 고객이 예산을 세울 수 있어야 하며, 요리에 흥미를 가질 수 있도록 하는 것이 중요하다고 설명했다.

덧붙여 "신규고객을 한 사람이라도 더 얻고 싶으면 쿠폰을 붙이는 편이 효과적"이라고 조언했다. 쿠폰도 대표 메뉴 시식권이라면 단순한 할인과는 달리, 가게의 팬을 만드는 연결고리가 될 수도 있다고 설명했다.

나카노 사장은 곧바로 전단지 왼쪽에는 '오늘의 신선 모둠회' 같은 일품요리를, 오른쪽에는 메뉴판을 싣고, 대표 메뉴의 시식권을 붙인 전단지를 만들었다. 1월 상순에 4,000장을 배포하자 15팀이 전단지를 보고 매장을 방문했다.

"새 전단지는 이전 전단지보다 반응이 좋습니다. 신규고객 가운데 몇 팀은 그 뒤에도 가끔 찾아주고 있습니다."

제안3 재방문 고객 대상의 판촉 활동을 구상하라
정기적으로 요리 대결을 열어 DM으로 안내하라

매상을 올리기 위해서는 기존 고객에게 "가끔씩 들러 주세요!" 하고 다가서는 것도 중요하다. 이때 기존 고객에게는 대표 메뉴를 홍보하기보다는 때때로 요리 대결을 개최하여 DM으로 알리는 편이 효과적이다. 몇 번이고 와 본 사람은 이미 먹어 본 대표 메뉴보다는 보통 때와는 다른 새로운 요리에 흥미를 느끼는 경향이 있기 때문이다.

〈카자시〉에서는 매월 사장과 점장이 그 달의 테마 식재료를 이용하여 각각 하나의 요리를 개발해서 소개하는 '나카노와 가쿠다의 이달의 요리 대결'을 개최해 왔다. 하지만 최근에는 단골손님의 반응도 미지근해지고 있었다.

키노시타 선생은 이 이벤트도 요리보다 사람을 전면에 내세우고 있는 것이 문제라고 지적했다. 차라리 '게 요리 대결', '고기 완자 축제'라고 하든지 '게 vs 오징어' 하는 식으로 요리나 재료를 전면에 내세우는 편이 알기 쉽다고 조언했다. 나카노 사장은 요리의 특색을 내세운 요리 대결을 개최하기로 결정, 새로운 요리 대결을 계획 중이다.

🙂 전문가 상담을 받고 나서

'뜻밖의 대표 요리'가 히트하고, 고객 수와 단가가 모두 상승했다

대표 요리를 전면에 내세우라는 전문가의 조언을 실천한 결과, 신규 고객의 수와 단골손님의 방문 빈도 모두 늘어났습니다. 작년 9~11월에는 6만 엔을 넘지 못했던 하루 매상이 올해 1~2월에는 7만1천 엔을 넘어, 2월에는 월 매상이 190만 엔으로 늘어났습니다. 대표 메뉴를 만들려고 모둠회를 내는 법이나 전단지를 개선한 것이 들어맞았습니다. 새롭게 취급하기 시작한 야마카타 산 채소의 힘도 컸던 것 같습니다.

1월부터 지인의 소개로 야마카타 청과물 도매상에서 채소와 산나물, 버섯 등을 들여오고 있는데, 다들 어찌나 신선하고 향이 좋은지 평판이 좋습니다. 채소를 드시러 오는 손님이 늘어나 "오늘은 안 들어왔는데요"라고 하면 안타까워할 정도입니다. 채소 덕분에 단골손님에게 '맛있는 집'이라는 인상도 강해져서, 이제 채소는 닭고기나 해산물과 어깨를 나란히 하는 제3의 기둥이 되었습니다.

대표 상품을 만드는 열쇠는 소재에 대한 자부심만이 아니라 볼륨이나 맛의 임팩트라는 키노시타 선생님의 조언과는 다소 상반되는 결과이지만, 야마카타 산의 채소는 재료로서의 '한 방'이 있어서 손님들에게 깊은 인상을 주는 것 같습니다. '맛의 근본적 가치'를 추구하는 일의 중요성을 저 나름대로 실감하고 있습니다.

상담 이후 경영 상황

임팩트 있는 요리의 새 메뉴로 '갓 튀긴 손두부 튀김'과 눈 앞에서 바로 만드는 달걀말이를 판매한 결과, 입소문을 타고 인기가 생겼습니다. 최근에 라면집을 시작했는데, 임팩트를 중시하여 맛이며 담아내는 법, 직원들의 접객 태도 등에 신경을 많이 쓰고 있습니다. 아자카야는 매장을 이전했지만 계속 매상이 늘어나고 있어서 현재의 월 매상은 220만 엔 정도입니다. 매장이 넓어졌기 때문에 직원의 수도 늘렸습니다. 올해 여름에는 이자카야 두 군데를 합쳐서 더 큰 가게를 만들 예정입니다.

직원이 수줍음이 많아 적극적인 접객을 못한다

🎩 **어드바이저** : 카토 마사히코

📕 **제안1** 접객 원칙을 만들어 해야 할 일을 명확히 하라
📕 **제안2** 편안하게 받아들이고 실천할 수 있는 방법을 찾아라
📕 **제안3** 직원 각자의 관심사를 고려해 동기부여를 하라

🍲 **성과** 서비스 수준을 끌어올림으로써 인건비를 절감했다

국도 16호선의 길목에 위치해 있는 중국요리 전문점〈샤오〉는 고객 서비스에 힘을 쏟고 있다.

"앞으로 개인업자가 살아남기 위해서는 서비스가 열쇠라고 생각합니다. 객단가가 1만 엔인 가게와 같은 수준의 접객을 목표로 하고 있습니다. 고객의 마음을 만족시킬 만한 미소가 그 첫걸음입니다."

이노바시 점장은 목표 의식이 명확하다. 하지만 매장에서 서빙을 담당하고 있는 것은 모두 아르바이트 직원뿐이라, 개인에 따라

●적극적인 접객으로 저녁 손님을 늘리고 싶다
국도 16호선 길목에 있는 〈샤오〉. 낮에는 운전자 방문객이 많아 좋았지만, 인근에 대기업 외식산업 브랜드가 들어오면서 매상이 8%나 떨어졌다. 고객 서비스를 강화해서 저녁 시간의 가족 단위 손님을 늘리고 싶다.

서비스 수준 차이가 크다는 것이 현재 가장 큰 문제다.

 매니저인 여성 직원은 S1 서버 그랑프리('그 집에 가면 그 사람을 만날 수 있다'고 생각할 만한 서비스 스태프를 선발하는 콘테스트)에서 최종 심사까지 올라갔을 정도로 수준 높은 서비스를 제공하고 있고, 아르바이트 리더인 대학원생도 눈치가 빨라 빈틈없는 손님 접대가 이루어지고 있다. 하지만 그들은 일주일에 1~2회 저녁 시간만 맡고 있고, 다른 직원들은 신입이다 보니 전반적인 서비스 태도는 수준이 낮은 편이다. "좋다고 생각되는 일들은 자꾸 해보라"고 지도하고 있지만, 수줍어하거나 무엇을 해야 할지 몰라 우왕좌왕하는 경우가 많다. 이 때문에 손님이 불러도 직원이 못 알아듣는 경우가 많다며 불평을 하는 손님이 있을 정도다.

 이노바시 점장은 상황 개선을 위해 아르바이트 직원들을 접객 세미나에 보내고 이름 난 가게 견학에 데려가는 등 고객 서비스 수준을 올릴 수 있는 기회를 적극적으로 제공해 왔다. 그러나 자극을 받아 변한 것은 리더인 두 사람뿐이었다.

 점장은 아르바이트 직원들의 서비스 의식을 높이려면 어떻게 해야 할지 카토 선생에게 어드바이스를 구했다. 카토 선생은 "서비스에 대해 설명해도 듣는 사람에 따라 반응은 다를 수밖에 없습니다. 다양한 교육에도 불구하고 별다른 변화를 안 보이는 직원에게는 지금과 같은 방법은 별 소용이 없을 겁니다. 접근 방법을 바꿔봐야 할 것 같습니다"라고 운을 뗐다.

📔 제안1 접객 원칙을 만들어 해야 할 일을 명확히 하라
서비스 원칙을 모든 직원이 공유하라

고객 서비스는 '요리를 빨리 내놓는다', '주문을 틀리지 않는다' 같은 '작업' 부문과 '언제나 웃는 낯으로 손님을 대한다', '손님의 눈을 보며 이야기한다' 등의 '의식' 부문으로 나눌 수 있다. '작업' 서비스가 제대로 안 되면 손님들의 불평이 이어지기 때문에 직원들도 열심히 하지만, '의식'은 매일매일 일깨워 주지 않으면 잊어버리기 십상이다. 카토 선생은 "〈샤오〉의 직원 대부분이 바로 그 상태입니다. 게다가 대부분의 사람은 '뭐든지 하라'고 하는 것보다 해야 할 일을 명확히 알려주는 편이 일하기 쉽습니다"라고 말하며, 구체적인 접객 항목을 정리해서 최소한 해야 할 일을 명확히 알려줘야 한다고 조언한다.

"이렇게 구체적인 항목을 만들어 놓으면 해야 할 일을 모두가 공유할 수 있고, 매뉴얼이 없으면 일을 못하는 타입의 사람에게도 도움이 됩니다. 접객 매뉴얼을 모든 직원이 암기하게 하면 전체적인 접객 수준을 유지하는 데도 도움이 됩니다."

정해진 항목이 하나씩 달성되면 아낌없이 칭찬해 주는 것도 운영의 기본이다.

- ●접객 매뉴얼 활용의 이점
  - 전 직원이 무엇을 해야 할지를 알 수 있다.
  - 전 직원이 암기하면 접객 수준을 일정 수준으로 유지할 수 있다.
  - 매뉴얼 없으면 일을 못하는 사람에게도 효과적이다.

- ●접객 매뉴얼 작성 및 운용 포인트
  - 매뉴얼 내용은 전 직원이 함께 의견을 모아 정리한다.
  - 내용은 구체적으로 정리하는 편이 좋다.
  - 매뉴얼이 하나씩 달성되면 당연한 일로 생각하지 말고 칭찬한다.

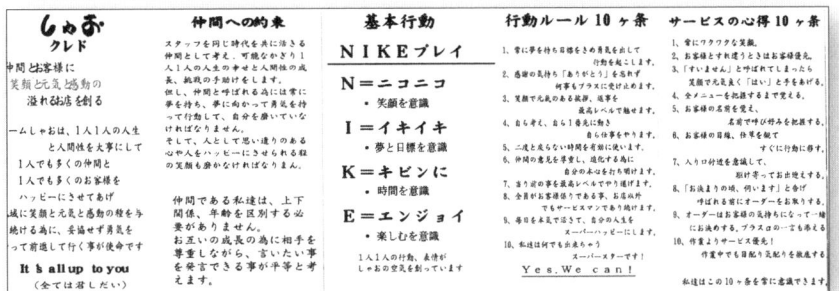

전문가 진단을 받은 뒤 이노바시 점장은 곧바로 서비스 10개 항목을 정리해 전 직원이 작게 접어 휴대할 수 있도록 만들었다.

제안2 편안하게 받아들이고 실천할 수 있는 방법을 찾아라
생활 속의 예를 들어 알기 쉽게 설명하라

서비스의 중요성을 아무리 설명해도 진심으로 실천하지 않는 사람은 중요성을 이해하지 못하는 경우가 많다. 그런 경우에는 가까운 예를 들어 이야기하면 효과적이다. 카토 선생은 예를 들어 알기 쉽게 설명했다.

"저는 아르바이트 직원들에게 '소개팅 전날에는 무엇을 합니까?', '이성 친구가 처음 집에 오는 날에는 무엇을 합니까?' 같은 것을 묻곤 합니다. 그러면 앞의 질문에 여성은 '미용실 방문', '피부 관리', 남성은 '맛집 찾기'라고 대답하고, 뒤의 질문에는 남녀 모두 '방청소'라고 대답합니다. 그때 틈을 주지 말고 '그렇지요? 상대에게 잘 보이고 싶으니까 그러는 거죠? 가게도 마찬가지입니다. 고객에게 좋은 인상을 주기 위해 열심히 합시다'라고 이야기하면, 대부분의 사람은 고개를 크게 끄덕여 줍니다."

카토 선생의 말에 "신입 가운데는 인사를 잘 못하고 상대의 눈을 못 보는 사람도 있습니다"라고 답답한 마음을 털어놓는 이노바시 점장. 이에 대하여 카토 선생은 다음과 같이 조언했다.

"그런 사람은 인사에 익숙하지 않은 경우가 많습니다, 따라서 인사할 용기를 낼 수 있도록 '마음의 밭'을 경작해 주어야 합니다. 저도 예전에 그런 직원을 겪어 봤는데, 그 직원이 출근할 때마다 '오늘도 잘 부탁해!' 하고 제가 먼저 그의 눈을 보고 인사했습니다. 그러다 어느 날인가 '가끔은 네가 먼저 아는 척 좀 해주지?' 하고 이야기했더니, 다음날 먼저 인사를 해주더군요. 인사 같은 쉬운 일도 그에게는 용기가 필요한 일이었던 것이지요. 그럴 때마다 저는 '드디어 해냈구나!' 하고 칭찬해 줍니다. 그게 바로 마음의 밭을 경작해 나가는 방법이지요."

📓 제안3 직원 각자의 관심사를 고려해 동기부여를 하라
상대에 따라 접근 방법을 달리 해라

카토 선생은 교육 방법을 달리해 볼 필요가 있다고 제안하기도 했다.

"점장님께서 아무리 말해도 효과가 없는 직원이라면 다른 직원

카토 선생이 〈샤오〉 직원들에게 서비스 교육을 하고 있다.

웃는 얼굴로 고객을 대하기 위해서는 무기가 필요하다. 아이들이 좋아하는 풍선 아트를 배우는 것도 고객 서비스 향상에 도움이 되는 일이다.

에게 교육을 맡겨 보는 것도 하나의 방법이 될 수 있습니다. 그 사람은 점장님과는 다른 방법으로 교육하려고 할 테니까요. 모든 교육을 반드시 점장이 직접 해야 한다는 생각에서 벗어날 필요가 있습니다."

이노바시 점장은 한숨을 내쉬며 말했다.

"그것도 안 해본 게 아니랍니다. 그런데 별 효과가 없었어요. 매니저도 아르바이트 직원들의 마음을 끌어들이는 데 한계를 느끼고 있는 것 같습니다."

이에 대해서도 카토 선생은 명쾌한 대답을 갖고 있었다.

"상대를 끌어들이지 못하는 원인은 관리해야 할 직원이 너무 많거나 직원들의 태도를 변화시키려는 의지가 약하기 때문일 겁니다. '너는 A를, 너는 B를' 하고 범위를 좁혀서 각자에게 과제를 내주면 성공률이 높아질 것입니다. 또한 모든 직원이 점장님과 똑같은 수준의 긴장감을 갖고 일할 것을 기대하는 것은 무리라는 점도 기억하셔야 합니다."

사람의 업무 동기나 의지는 날이나 시간에 따라 차이가 난다. 그 동기부여를 조정하는 장치도 사람마다 다르다. 그 부분을 의식하면 보다 효과적인 접근이 가능할 것이다.

"학교 이야기를 좋아하는 아르바이트생이라면 그 방면의 화제를 꺼내고, 일하는 환경을 중시하는 직원에게는 환경 정비를 화제로 이야기를 시작해도 좋겠지요. 전달하고자 하는 내용이 무엇이건 상대방의 관심을 끌고 상대방을 대화에 참여시키는 일이 선행되어야 합니다."

전문가 상담을 받고 나서

제각각이었던 직원들의 마음이 하나가 되었습니다!

전문가 진단을 받은 다음 곧바로 17명의 직원을 모두 모아놓고 의견을 내게 해 〈샤오〉가 지켜야 할 '서비스 마음가짐 10'을 완성했습니다. 그리고 그것을 직원들이 항상 의식할 수 있도록 접어서 휴대할 수 있게 만들고, 실천력을 높이기 위해 모두 암기시켰습니다.

그러나 정해진 기일 안에 암기한 사람은 8명뿐이었습니다. 나머지는 '바빠서', '나이를 먹어서 잘 안 외워진다'는 핑계로 전혀 외우지 않았거나 조금밖에 외우지 못했습니다. 지금까지의 저라면 그냥 흘려 넘겼겠지만, 이번만은 그러고 싶지 않았습니다. "이것은 반드시 외워 주십시오!" 하고 조금 강하게 말했더니 모두들 '이거 심상치 않은데!'라고 생각한 듯 열심히 외우고 있습니다.

또한 10개의 항목 가운데 매주 하나씩을 가게 전체의 목표, 개인의 목표로 정해 직원 조회 시간에 확인하고 있습니다. 직원들이 퇴근할 때도 "오늘은 어땠어?" 하며 얘기를 꺼내서 목표에 대해 함께 이야기하는 시간을 갖기도 했습니다. 돌이켜 생각해 보니, 지금까지는 이렇게 한 사람 한 사람과 세세한 이야기를 나눌 기회도 별로 없었던 것 같습니다.

이번 기회를 통해 각자 다른 방향을 바라보고 있던 모두의 마음이 하나로 모아져 한 방향을 바라보게 되었음을 실감하고 있습니다.

풍선 아트는 강습을 받은 그날 저녁부터 매장에 온 아이들에게 만들어 주어 큰 호평을 받았습니다. 직원들도 그런 반응에 신이 났는지, 다양한 만드는 법이 담긴 DVD를 스스로 빌려 오거나 풍선을 사오는 사람도 있었습니다. 하지만 바쁠 때는 만들어 달라고 해도 바로 만들어 줄 수가 없으므로, 토요일에 어린이 세트를 주문한 손님에게만 만들어 주기로 정했습니다.

사자나 푸들 같은 인기 동물은 한 사람이 1분 안에 하나씩 만들 수 있도록 연습하게 하고, 휴식시간에 미리 만들어 놓기도 합니다. 앞으로는 생일 파티 기획에도 응용해 볼까 생각중입니다. 참으로 좋은 무기를 얻은 것 같습니다.

상담 이후 경영 상황

풍선 아트는 아이들을 동반한 손님들에게 호평을 받고 있으며, 직원들도 함께 즐기는 분위기다.

전문가 상담을 받고 나서 벌써 3년 정도 지났습니다만, 지도 받은 일은 지금까지 꾸준히 지속되어 착실하게 뿌리내리고 있습니다. 아르바이트 직원들의 서비스 수준을 끌어올린 덕에 시간당 인원이 줄어도 대응할 수 있게 되었습니다. 매상은 약간 주춤한 상태지만 인건비를 절감할 수 있어서 결과적으로 가게 운영은 조금 편안해졌습니다.

제5장

직원 정착률을 높여야 가게가 안정된다

직원 정착률을 높여서
안정된 가게로 만들려면?

🎩 **어드바이저** : 구도 마사유키
📝 **제안1** 직원들에 대한 동기부여에 신경 써라
📝 **제안2** 직원들의 피로를 줄이기 위해 노력하라
📝 **제안3** 필요 이상으로 많은 메뉴를 줄여라

🍽 **성과** 팀워크 형성과 신뢰관계 개선에 성공했다

지하철 미도스지선과 난카이 전철 등이 지나는 오사카 사카이시 나카모모시타토리. 역에서 도보로 2분 거리, 사람의 발길이 많은 건널목 근처에 닭꼬치집 〈토리고야〉가 있다. 일찍이 닭꼬치 사랑이 남달랐던 유고 사장은 6년 전에 회사를 그만두고 이 매장을 열었다. 그의 닭꼬치 사랑은 지금도 변함이 없어서 여전히 한 꼬치씩 숯불에서 정성들여 굽는다. 매실주에도 나름 일가견이 있어서 20종류나 구비되어 있다.

13평의 매장은 1층이 바에 10석, 4인용 테이블이 3개, 2층 방은

평당 월 매상 30만 엔에 육박하는 대박 닭꼬치집 〈토리고야〉.

좌식으로 되어 있다. 커플이나 가족 등 지역 주민 손님이 많고, 월 매상은 약 380만 엔. 이 부근에서는 제법 잘 나가는 대박집이다.

아무 문제 없을 것처럼 보이는 대박집 사장에게도 고민은 있었다. 그의 고민은 바로 직원 정착률이 낮다는 점. 이것저것 손을 써봐도 일주일도 안 되어 사라지는 직원이 속출하고, 대부분의 종업원이 반 년 이내에 그만두고 만다. 종업원이 계속 그만두는 바람에 할 수 없이 한 달 간 장기 휴업을 한 적이 있었을 정도다. 일손이 부족해서 2층은 아예 오픈을 안 한 날도 많다.

"저는 영업시간 내내 닭꼬치 굽는 자리를 떠나지 않습니다. 그러다 보니 다른 일에는 거의 신경을 못 쓰고 있는데, 주문 실수로 맥주를 내는 데 30분이나 걸린 일이 벌어진 적도 있었습니다."

유고 사장은 한숨을 내쉬었다. 손님이 밀려들 때는 눈코 뜰 새 없이 바쁘기 때문에 직원들이 실수라도 하면 바로 버럭 소리를 지르는 일도 있다고 한다.

사실 유고 사장은 무척 부지런한 사람이다. 제일 먼저 매장에 나와서 영업 준비를 하고, 영업시간 내내 불 앞에 서서 닭꼬치를 굽고, 영업이 끝나면 주방을 치우고 다음날 장사를 준비한다. 그러다 보면 새벽 4시가 되어서야 귀가하는 일도 많다고. 하지만 그의 일은 거기서 끝나지 않는다. 집에서는 또 블로그에 새로운 포스트를 올리느라 쉽게 잠자리에 들지 못한다.

유고 사장의 열정은 높이 살 만하지만, 한편으로 스태프에게 부담을 주는 것은 아닌지 생각해 볼 필요가 있다. 유고 사장의 고민을 해결하기 위해 벌벗고 나선 구도 선생은 바로 이 점을 지적하며, 유고 사장에게 3가지 개선책을 제시했다.

📝 제안1 직원들에 대한 동기부여에 신경 써라
작은 일에도 칭찬하고, 영업 중이라도 대화를 나눠라

직원들이 일하는 모습을 본 구도 선생은 "대단하다!"고 칭찬했다. 그러나 유고 사장은 그들에게 고마워하면서도 뭔가 부족함을 느낀다고 한다.

〈토리고야〉 주방 벽에는 '고객이 기분 좋게 드시고 가게 하자!'는 제목의 지침서가 붙어 있었다. '손님 받기와 예약표', '생기 넘치고 활기차게', '느낌 좋은 전화 대응' 같은 10개의 항목이 제목 밑에 줄줄이 쓰여 있었다. 그대로 완벽하게 해낼 수만 있다면 더 바랄 게 없겠지만, 안타깝게도 현실은 그렇지가 못하다. 그것이 유고 사장에게 불만의 씨로 자라고 있는 것이다.

이에 대해 구도 선생은 "직원들이 모두 음식점 경험이 반 년 이

하인데, 갑자기 수준 높은 고객 서비스를 원한다면 감당할 수 없는 것은 당연한 일"이라고 지적한다. 유고 사장의 기대가 너무 커서 오히려 직원들에게 스트레스가 되고, 일하기 힘든 곳이라는 느낌을 주어 이직률을 높이고 있는 것은 아닐까 하는 염려였다.

구도 선생은 "전화 대응 잘하는데!", "생맥주 잘 따랐네!" 같이 직원들이 일하는 모

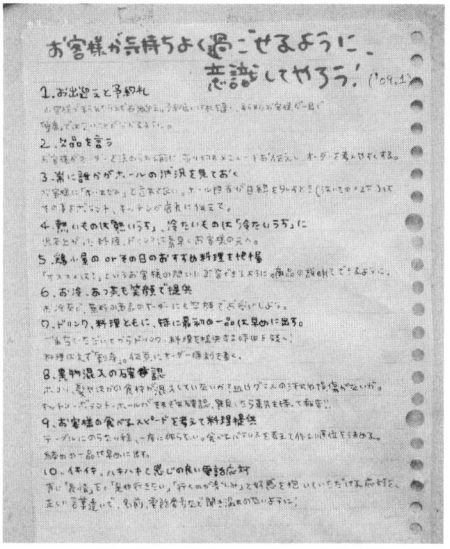

훌륭한 매뉴얼이지만, 경험이 적은 직원들로서는 실천하기 어려운 항목이 많다.

습을 보며 한마디라도 칭찬해 줄 것을 제안했다. 자신이 매장에 도움이 되고 있다, 이 일을 함으로써 자신도 성장하고 있다고 직원 스스로 느끼게 함으로써 동기부여를 하자는 것이다.

구도 선생에게 이런 제안을 받은 유고 사장은 3개월도 안 되어 크게 달라졌다. 직원들의 작은 노력이나 성과를 칭찬하는 것은 물론, 자신도 항상 의식적으로 웃는 낯을 유지하기 위해 노력하고 있었다.

'3DI'라고 이름 붙인 작전도 흥미롭다. 'DI'는 '해나가자(Do It)'라는 의미의 이니셜로, '3'은 '소리를 낸다', '웃는 낯으로 대한다', '활기차게 일한다' 등 세 가지 실천 강령을 가리킨다. 표정이 어두운 직원이 있으면 "○○ 씨, 3DI로 부탁합니다!"라고 말을 건네는 것

만으로 직원이 미소를 되찾을 수 있게 되었다.

또 어떤 직원이 일하는 게 힘들어 보이거나 다른 종업원이 "저 친구, 힘들다고 하네요"라고 귀띔을 해주면, 1대 1로 대화하는 기회를 만들려고 노력하고 있다.

유고 사장의 노력을 직원들이 알아준 것인지, 전문가 상담을 받은 다음 달엔 그만둔 사람이 한 명도 없었고, 그 다음 달엔 다른 일과 병행하던 사람이 한 명 그만두었을 뿐이다.

전문가 상담 전엔 가게에 들어와 일주일 뒤에 "이 가게는 너무 바빠서 계속할 자신이 없습니다"라고 이야기하는 직원도 있었다. 영업시간에 유고 사장에게 야단을 맞은 '다혈질' 직원이 폐점 후에 소리를 지르며 대든 사례도 있었다. 예전 같으면 유고 사장이 불같이 화를 내서 직원이 그만두는 사태로 이어졌겠지만, 이제는 모든 문제를 대화로 풀며 아르바이트 시간이나 조건 등을 조정한 덕에 지금도 계속 근무하고 있다. 이런 대화가 가능해질 정도로 직원들과의 신뢰관계가 깊어지고 있는 것이다.

📎 제안 2 직원들의 피로를 줄이기 위해 노력하라
주방의 동선을 개선하여 작업 효율을 높여라

직원들의 정착률이 낮은 데는 또 다른 이유가 있었다. 주방의 동선이 비효율적이어서 직원들의 피로를 가중시키고 있었던 것. 배수구의 배치 등을 바꾸는 것이 좋겠지만, 그것은 공사를 해야 하기 때문에 그렇게 간단한 문제가 아니었다.

"직원들이 지치는 것은 바쁠 때가 아니라, 너무 바빠 주어진 일을 다 처리할 수 없을 때입니다."

구도 선생의 지적이다.

실제로 한창 바쁜 시간에 직원들의 움직임을 눈으로 따라가 보니, 매장 안을 종횡무진 돌아다니고, 홀에 있어야 할 직원이 주방 구석에서 설거지를 하는 등 필요 없는 움직임이 눈에 띄었다. 이런 식의 업무 환경은 직원이 지쳐 나가떨어지기 충분해 보였다.

구도 선생은 '작업 공간의 사용법', '동선 줄이기', '설거지 줄이기' 등 세 가지를 제안했다. 예를 들어 청주나 매실주를 됫병(약 1.8 *l*)이 아니라 4홉 병(약 700*ml*)으로 따르게 하는 것만으로도 작업 부담이 줄고 보관하는 공간에도 여유가 생긴다. 가게에는 됫병으로 들어온다고 해도 4홉 병에 옮겨 담기만 하면 되니까 바로 실행

Before
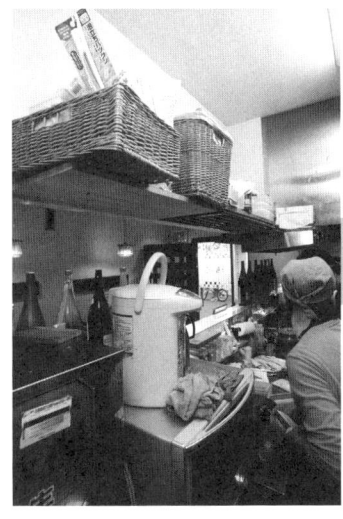

After

매장 안을 정리 정돈해 작업의 효율성을 높였다.

하는 데 어려움은 없다.

조리대 위에 있어 작업에 방해가 되던 전자레인지도 구도 선생의 지도에 따라 작업대 아랫단으로 옮기기로 했다. 빈 공간에는 작은 선반을 설치하여 위에는 소스 병을 올려놓고 아랫단에는 칵테일에서 사용하는 시럽 등을 병에 담아 정리했다.

주문량이 많은 음료를 손에 닿기 쉬운 위치로 옮겨 배열한 덕에 음료 나가는 시간을 줄일 수 있었고, 주문받은 술병을 찾는 등의 수고도 확실히 줄었다. 생맥주 잔도 냉장고 안에서 가장 꺼내기 쉬운 위치로 옮겼다.

설거지를 줄이는 방법은 유고 사장이 아이디어를 냈다. 손님이 같은 음료를 재주문할 때 잔을 바꾸지 않고 그대로 사용하겠다고 하면 20엔을 깎아 주는 작전을 생각해 낸 것이다. 그 뒤로 소주나 맥주를 마시는 손님 대부분이 잔을 하나만 사용하고 있어서 설거지가 크게 줄었다.

"맥주는 매번 차가운 잔에 내놓는 것을 원칙으로 했었지만, 실제로 영업을 해보니 손님들은 크게 신경 쓰지 않더라고요."

유고 사장의 이야기에 구도 선생 또한 개인 점포이기 때문에 가능한 발상으로, 아주 효과적인 아이디어라고 평가했다.

이런 여러 가지 아이디어들이 쌓이다 보니 직원이 적게 출근하는 날이라도 가게가 돌아가게 되었다. 직원이 단기간에 그만두었던 원인이 또 하나 없어진 셈이다.

제안3 필요 이상으로 많은 메뉴를 줄여라
고객의 욕구는 반영하되 업무 부담은 줄여라

〈토리고야〉의 메뉴판에는 음료 종류가 정말 많다. 이것도 직원들이 힘들어 하는 이유의 하나라고 판단한 구도 선생은 그 수를 줄이라고 제안했다.

"주력 상품인 매실주는 가게의 자부심이기도 하니까 종류가 많아도 좋겠지만, 다른 종류의 술, 특히 칵테일은 인기 상품을 제외하고는 대폭 없애는 것이 좋겠습니다."

사실 꼬치집에서 다양한 칵테일을 기대하는 손님이 몇이나 되겠는가. 전문가의 지적을 받은 유고 사장은 바로 메뉴 검토에 착수했다.

구도 선생은 "사장님의 작업 부담을 줄이기 위해서라도 닭꼬치의 추천 방법을 개선해 보는 것은 어떨까요?" 하고 조심스레 얘기를 꺼냈다. 손님에게 양념구이와 소금구이 두 종류의 맛 중 하나를 선택하게 하는 지금까지의 방식을 바꿔 "이것은 소금이 좋습니다. 소금구이로 할까요?" 하는 식으로 주문을 유도하면 작업 부담이 크게 줄어들 터였다. 유고 사장은 실제로 그렇게 해보니 작업 부담이 가벼워졌다고 한다. 술이나 꼬치 모두 고객의 욕구는 반영하되 직원들이나 사장의 작업 부담을 줄일 수 있는 방법을 찾는 것이 업무 효율을 높이는 비결인 것이다.

🧑 전문가 상담을 받고 나서

칭찬과 대화를 통해 쌓아가는
신뢰의 중요성을 알게 되었습니다

전문가에게 "웃는 낯 보기가 가장 어려웠던 사람은 사장님이었습니다"란 얘기를 들었을 때는 가슴이 털썩 내려앉았습니다. 그 뒤로는 저부터 웃는 얼굴을 유지하려 노력하고 있고, 직원들이 조금이라도 성장하는 것이 느껴지면 적극적으로 칭찬하게 되었습니다.

12월에 직원 두 명이 그만둔 일은 안타깝게 생각하지만, 직원 교육이 무의미했다고는 생각지 않습니다. 남아 있는 직원들과의 관계는 이전보다 깊어졌습니다. 앞으로도 직원들의 좋은 점을 찾아서 칭찬해 나가려고 합니다.

지금까지는 직원이 스스로 하겠다고 하면 그냥 맡겨 두는 편이었습니다. 그러다 보니 일이 힘들어도 힘들다고 말하지 못했던 것일지도 모릅니다. 이제는 직원들의 심정을 이해하기 위해 애쓰고 있습니다.

주방의 동선이 작업 효율을 악화시키고 있었다는 사실은 지적을 받기 전까지는 생각지도 못했습니다. 재주문 시 같은 컵을 사용하면 20엔을 깎아 주는 아이디어는 고육지책이었지만, 상상 이상의 호평을 받았습니다. 조금씩 성과가 나오고 있어 앞으로도 개선점을 찾아 더욱 정진해 나갈 생각입니다.

🍚 상담 이후 경영 상황

결원이 생겼지만 새로운 직원은 아직 채용하지 않았습니다. 그래도 작업 효율이 크게 개선된 덕에 적은 인원으로 굴러가면서도 고객 클레임은 거의 없는 상황입니다. 팀워크도 좋아서 매장의 분위기도 밝아졌습니다. 전문가 상담을 받은 이후 가장 개선된 점은 아마 제가 직원들을 대하는 법, 생각하는 법일 것입니다.

직원을 해고하지 않고
적자에서 탈출하고 싶다

🎩 **어드바이저** : 이노사와 다케시

📋 **제안 1** 이익률이 높은 인기 메뉴를 만들어라
📋 **제안 2** 주위의 사무실과 상점을 방문해 홍보하라
📋 **제안 3** 회원 조직으로 단골손님에게 어필하라

🍽 **성과** 점심 수입이 40% 증가, 월 매상이 90만 엔 상승했다

이탈리아 요리 전문점 〈비스트로 카시나〉는 월 매상 200만 엔 전후의 가게이지만 최근 들어 적자가 계속되고 있다. 와타나베 사장은 월 매상 300만 엔을 목표로 어떻게든 흑자로 돌려놓고 싶다. 단 지금 매장의 콘셉트를 바꾸고 싶지는 않다. 와타나베 사장은 어디서부터 손을 써야 할지 전혀 감을 못 잡고 있다며 전문가 상담을 신청해 왔다.

〈비스트로 카시나〉가 오픈한 것은 2005년 3월. 대기업 체인의 이자카야를 하나 경영하고 있던 참에 지금의 점포를 소개받아 두 번째 가게를 오픈한 것이다. 이 이탈리아 식당은 큰 도로에서 조금 들어간 지점에 자리하고 있는데, '어른들을 위한 공간'을 콘셉트로 한 차분한 분위기로, 여성과 커플이 고객의 90%를 차지하고 있다.

월 매상은 200만 엔 전후. 가게 안쪽에는 14명이 앉을 수 있는 큼지막한 방도 있다.

주변에는 점심식사는 500엔, 저녁식사는 2,000엔 정도의 저가 상점이 즐비하다. 그 가운데 〈카시나〉의 객단가는 점심 960엔, 저녁 3,500엔으로 꽤 높은 편이다. 20대 후반에서 40대 정도의 비교적 여유가 있는 사람들이 주요 고객층이다. 일품요리로는 '비프스튜(1,600엔)'가 인기가 높고, 파스타와 피자를 함께 주문해서 나눠 먹는 사람도 많다.

매상 올리는 것이 중요한 일이긴 하지만, 요리나 음료의 가격을 내려가면서까지 손님을 불러들이는 일은 피하고 싶다는 것이 와타나베 사장의 생각이다. 나이 어린 손님이 늘어나면 자연스레 시끄러워져서 매장 분위기가 무너질 수 있기 때문이다.

또 하나의 문제점은 점장을 포함한 직원 세 명이 모두 정사원이다 보니, 인건비 부담이 너무 커서 추가로 아르바이트 직원을 고용할 여유가 없다는 것이다. 때문에 와타나베 사장도 매장에서 일하고 있는데, 이자카야까지 가게 두 개를 동시에 운영하자니 날마다 한밤중까지 일하는 것이 만만치 않다.

직원 고용에는 손대지 않고 가게를 흑자로 돌리고 싶다는 와타나베 사장. '가격 인하는 피한다', '직원은 자르고 싶지 않다'라는 그의 요구를 반영해 이노사와 선생은 임팩트 있으면서도 확실히 이익을 낼 수 있는 메뉴를 만들어야 한다고 제안했다.

📔 제안1 이익률이 높은 인기 메뉴를 만들어라
메뉴 일람표를 만들어 상품의 유망도를 판정하라

"매상을 올리고 원가를 줄이기 위해서는 70~80%의 고객이 주문할 것 같은 인기 코스를 만들어야 합니다."

이노사와 선생의 첫마디다. 그러기 위해서는 손님에게 인기가 높으면서도 원가율이 28% 정도에 머물러 줄 상품이 필요하다.

먼저 손을 대야 할 것은, 메뉴 분석표를 만들어 원가와 상품력을 판정하여 상품을 바꾸거나 개선해 나가는 일이다. 구체적으로는 제공 상품에 대해 일람표를 만들어 '원가율', '상품력', '인기도', '(제공) 스피드' 등 네 개 항목에 대해 각 항목에 4점(우수), 2점(보

● 메뉴 분석표로 이익이 되는 메뉴를 찾는다

메뉴 내용	가격	원가	원가율	원가	주문 수	품질	스피드	합계	원가율 중시	
안티페스토	1330	350	26.3	2	2	4	2	10	12	◀ 원가율을 중시해야 하기 때문에 다시 가점
카프레제	713	285	40	0	0	2	2	4	4	
신선한 햄	808	180	22.3	2	2	2	4	10	12	
카르파쵸	836	270	32.3	2	2	4	4	12	14	
시저샐러드	665	220	33	2	4	2	4	12	14	
가리비샐러드	931	400	43	0	4	2	2	8	8	◀ 원가를 내리는 방향으로 검토
폴리트	855	140	16.4	4	2	4	0	10	14	
치즈 모듬	760	200	26.3	2	2	2	2	8	10	
피클	428	130	30.4	2	0	0	4	6	8	
품요리 안주	646	110	17	4	0	0	0	4	8	◀ 제공 중지

※위 도표는 전채 요리를 예로 든 것으로, 각 항목을 0점, 2점, 4점으로 평가했다.

통), 0점(열등)이라는 3단계로 점수를 매겨 나간다. 단, 원가율은 20% 미만이 4점, 20~35%는 2점, 35% 이상은 0점으로 처리한다. '상품력'은 가게 측에서 본 상품의 경쟁력이나 완성도를 말한다. '인기도'는 실제 주문 수량이다. 특히 중시할 항목은 배점을 두 배로 한다.

〈카시나〉의 인기 코스는 2,800엔의 '나폴리 코스'. 추천 파스타와 메인요리, 디저트를 포함한 6종류 음식이 나가며, 원가율은 35~40%로 높은 편이다. 이노사와 선생은 이 코스의 인기를 높이면서 원가율은 낮추도록 제안했다. 코스에 주문이 집중되면 효율적인 공급이 가능해지기 때문이다.

70종이나 되는 메뉴의 일람표를 만들어 놓고 보니 뇨키(버터와 치즈에 버무린 수제비의 일종)를 사용한 메뉴의 인기가 높고 원가율도 낮다는 사실을 처음으로 알게 되었다. 와타나베 사장은 뇨키를 활용한 요리를 적극적으로 추천해 보기로 했다.

크리스마스 시즌을 겨냥한 메뉴 준비에 바빠서 메인요리를 바꾸거나 개선하는 것은 연초를 목표로 진행할 예정이지만, 전채요리는 10종류 가운데 원가율은 높고 장래성이 없는 3종을 없애기로 했다. 또한 가리비 샐러드는 인기 메뉴이긴 하지만, 원가율이 43%나 되기 때문에 원가 저하뿐만 아니라 메뉴에서 제외시킬 가능성도 열어 두고 근본적으로 다시 생각해 보기로 했다.

메뉴의 상품력을 분석하는 가운데 원가의식이 월등히 높아졌다. 10월 하순에 지도를 받은 이후 〈카시스〉는 청과상에서 채소를 배달시키던 것을 중단하고, 가까운 할인점을 이용하기로 했다. 예를 들면, 감자는 10kg당 500엔 이상을 싸게 구입하게 되었고, 허브도 25%나 싸게 구입할 수 있었다.

대표 메뉴인 비프스튜에 사용하는 일본 흑소는 업자와 상담해서 산지를 가까운 지역으로 바꾸는 것만으로도 100g당 200엔이나 내려갔다.

"늘 같은 상품을 주문하다 보니 다른 상품이 있는지 확인하는 일조차 거의 없었습니다."

와타나베 사장은 그동안 식재료 주문에 신경 쓰지 않은 것만으로도 얼마나 많은 원가 손실이 있었는지 실감하고 있다고 말한다.

실제로 식재료에 대한 생각과 구입처를 바꾸는 것만으로도 원가율이 극적으로 개선되어 '나폴리 코스'의 원가율은 25~28%까지 내려갔다. 메뉴 전체를 놓고 봤을 때는 34%에서 31.7%로 낮아지는 큰 성과를 거뒀다.

제안2 주위의 사무실과 상점을 방문해 홍보하라
신규고객을 확보하는 가장 효과적인 방법

이노사와 선생은 신규고객 확보의 중요성을 지적했다. 그가 제안한 것은 주변의 사무실과 상점들을 찾아다니며 가게를 홍보하는 방문 영업이었다. 이때 추천할 만한 방법이 '법인회원'을 모으는 것이다. 회원 확보 방법은 간단하다. 주변 사무실이나 상점을 방문해 무료로 법인회원에 가입할 것을 권하고, 회원이 된 회사에서 전화 예약을 하면 할인 특전을 주는 것이다. 피크 타임이 아닌

● 신규고객 확보에 보다 적극적으로
전문가의 지도를 받은 뒤에는 접객에도 보다 적극적으로 임하고 있다. 와인을 병째 주문하는 고객과는 명함 교환도 하게 되었다.

점심부터 오후 3시 사이에 입회 안내서와 가게 전단지를 가지고 방문해서 검토를 의뢰하고, 나중에 다시 한 번 방문해서 입회 여부를 확인하면 된다.

일단 방문 영업을 경험시키고 지도한다는 차원에서 이노사와 선생이 고바야시 점장과 함께 주변 사무실과 상점을 네 군데 정도 돌기로 했다. 맨 처음 방문한 곳은 컴퓨터 매장. 단골손님 두 명이 4층 매장에서 일하고 있어 그들을 먼저 찾아갔다. "항상 저희 가게를 이용해 주셔서 감사 인사를 드리러 왔습니다" 하고 고바야시 점장이 고개를 숙이자 두 사람 모두 웃는 얼굴로 맞아 주었다.

두 번째 방문한 곳은 도로 하나를 사이에 두고 있는 한 회사. 고바야시 점장이 안내 데스크에 앉아 있는 여직원에게 방문 이유를 설명하며 〈카시나〉를 알고 있는지 묻자 "모른다"는 대답이 돌아왔다. "가까우니까 점심시간에 들러 주세요" 하며 홍보 전단지를 건넸지만 고바야시 점장은 내심 놀랐다.

"가게는 자신들이 생각하는 것만큼 주위에 알려져 있지 않습니다. 그렇기 때문에 방문 영업으로 가게를 알려야 하는 것입니다."

고바야시 점장의 반응을 알아챈 이노사와 선생이 말했다.

세 번째 방문한 곳은 웨딩숍이었는데, 이곳 점장이 가게의 단골손님이었다. 그는 점장이 직접 인사하러 돌아다니는 일에 감탄하며 격려의 말을 건네기도 했다. 네 번째 방문한 대기업은 입구에 경비원이 있어서 방문 예약을 확인하는 시스템이었다. 고바야시 점장이 단골손님의 이름과 부서명을 알려주었는데, 안타깝게도 그는 외출하고 없었다. 아쉬운 마음을 접고 그냥 돌아서서 나오려는데, 다행히 그 동료가 나와 주어서 팸플릿을 건네며 인사를 전할 수 있었다.

정확한 기록은 해두지 않았지만, 고바야시 점장이 느끼기에는 직접 방문 인사를 한 네 곳에서는 이전보다 더 많은 손님이 오고 있다고 한다. 점심시간에는 사원증을 목에 건 채 이용하는 손님이 많아 어디에서 온 손님인지 알 수 있기 때문이다. 점장이 직접 방문 인사를 한 일로 직장에서 화제가 되어 가게에 관심을 갖게 된 것으로 분석하고 있다.

제안 3 회원 조직으로 단골손님에게 어필하라
앙케트를 부탁해서 회원카드를 보내라

일반적으로 고객이 음식점을 다시 찾지 않는 이유 중 1위가 '그냥'이라고 한다. 다음은 '잊고 있었다'가 많다고. 이노사와 선생은 단골손님에게 홍보물을 보내 회원으로 가입할 것을 권하고, 고객이 원하면 회원카드를 만들어 주고 그 손님이 다시 방문한 경우에는 한 품목을 서비스하도록 제안했다.

"제가 컨설팅을 했던 한 가게에서는 200명의 회원을 모아 홍보물을 보낸 결과, 29팀이 다시 방문했고, 31만3천 엔의 수입이 증가했습니다."

"저희 가게에는 혼자 오는 고객도 많습니다. 이런 분들은 자신의 주소를 가르쳐 주고 싶지 않을 수도 있지 않을까요?"

와타나베 사장이 걱정스럽다는 듯이 묻자 이노자와 선생은 명쾌한 답을 주었다.

"손님이 가게를 방문했을 때 '회원카드 있으십니까?' 하고 물어서 가지고 있지 않으면 앙케트를 부탁하고 '회원카드를 보내드릴 테니 주소를 적어 주세요'라고 말하면, 주소를 밝히고 싶지 않으면 쓰지 않을 테니 지레 걱정할 필요는 없습니다."

〈카시나〉에서는 이노사와 선생의 제안을 바탕으로 이용 빈도에 따라 차별화된 특전을 제공하는 회원 제도와 카드 만들고 있다.

전문가 상담을 받고 나서

월 5만 엔의 원가 절감으로 점심 수입 40% 증가

전문가의 지도를 받고 나서 원가와 요리에 대한 인식이 많이 달라졌습니다. 이 같은 변화는 매상의 변화로 이어졌습니다. 벌써 한 달에 5만 엔 정도의 원가 절감에 성공했습니다. 앞으로는 판촉 비용도 다시 검토해 볼 예정입니다.

눈에 띄게 매상 증가 효과가 나타나고 있는 것은 점심 메뉴입니다. 지난주에는 점심 매상이 하루 평균 3만9천 엔 정도 나왔는데, 전달과 비교하면 40%나 늘어난 액수입니다. 상담 전에는 '오늘의 점심'에 고기 요리와 생선 요리를 각각 한 품목씩 담아 냈는데, 이렇게 하면 원가는 높은 반면 고기와 생선 양이 모두 작아 보일 수 있다는 사실을 깨닫게 되었습니다. 그래서 그날 그날 육류와 생선 중 한 가지만 선택해서 원가를 절감하고 시각적인 만족감도 높였습니다. '카시나 런치'의 원가율도 이전에는 40%에 육박했지만, 지금은 30~33%선으로 조절할 수 있게 되었습니다. 내년 초에는 메뉴를 전체적으로 수정, 보완해서 주문 수량이 적은 요리는 제외시킬 생각입니다.

상담 후 변화된 '오늘의 점심'. 로스트비프와 매시드포테이토, 전채요리, 수프, 음료, 빵 또는 밥이 나오며 가격은 980엔.

🍱 상담 이후 경영 상황

원가율을 개선한 '나폴리 코스'는 매장 입구에 설치한 흑판에 홍보를 한 덕인지 주문 수가 꽤 늘어났습니다. 방문 영업 효과도 있어서 월 매상이 290만 엔까지 올라갔습니다. 목표로 했던 300만 엔까지는 얼마 남지 않았습니다.

10년 전에는 세련된 가게였지만 지금은 평범한 식당이 되어버렸다

고민
상담
19

🍳 **어드바이저** : 나카무라 신

📋 **제안1** 매장을 개조해 이미지를 180도 바꿔라
📋 **제안2** 테이블 세팅을 바꿔 가격 대비 만족감을 높여라
📋 **제안3** 손님과 대화하며 요리에 대한 설명을 보충하라

🍽 **성과** 피자 가마를 살려 대표 요리로 독자성을 어필하고 있다

이탈리안 레스토랑 〈페페로치노〉를 경영하는 사이카 사장은 메이지 시대부터 이어져 내려온 일본요리집의 5대손이다. 일본요리만 고집해서는 살아남을 수 없다고 판단한 그는 1997년에 캐주얼한 이탈리안 레스토랑을 오픈했다. 당시 아키타 시에서는 이탈리안 레스토랑이 아주 귀했던 터라 월 평균 600만 엔 전후, 많을 때는 700만 엔이 넘는 매상을 올리는 대박집이었다.

그러나 주변에 비슷한 식당이 늘어난 탓인지, 최근 2~3년 전부터 손님 수가 줄기 시작했다. 예전에는 2,500~2,700엔이었던 저녁시간대의 객단가도 지금은 2,000엔 정도로 떨어졌다. 결국 월 매상도 500만 엔 전후로 크게 떨어졌다.

나카무라 선생은 〈페페로치노〉의 문제점을 예리하게 간파해 냈다.

오픈 당시 아키타 시에서는 이탈리안 레스토랑이 귀했다.

"식사만 놓고 보면 요즘 어디서나 볼 수 있는 이탈리안 레스토랑의 체인점 같은 인상을 줍니다. 매장 인테리어도 요즘 유행과는 맞지 않아 세련되지 못한 분위기를 풍깁니다."

더 중요한 것은 메뉴. 파스타 중에서는 카르보나라와 페페론치노가 인기가 높은데, 이 가게만의 독자성을 전혀 느낄 수가 없다. 음식 외의 재미난 요소도 없다. 그나마 특색 있는 것이 피자 굽는 가마인데, 매장 쪽에서는 잘 보이지 않아 마케팅적으로는 전혀 활용하지 못하고 있다. 파스타와 샐러드, 수프, 메인요리 등을 한 개의 커다란 접시에 담아내는 '오늘의 점심(800엔)'이 인기 메뉴였는데, 주변의 다른 가게들도 '원 플레이트 런치'를 시작하여 희소성도 사라지고 말았다.

직원들의 서비스 수준이 떨어지고 있는 것도 사이카 사장의 고민 중 하나다.

"직원들의 서비스 교육은 아내에게 맡겨 두고 있었는데, 저녁시간은 일본요리집에서 일하느라 이쪽에 붙어 있을 수가 없어서 그

가장 인기 있는 파스타는 카르보나라. 티라미수도 하루에 20~30조각이 나갈 정도로 인기가 높은 대표 디저트다.

런지 엉성한 부분이 많습니다."

아르바이트 직원의 정착률이 낮은 것도 '보통' 수준의 서비스밖에 제공하지 못하는 원인으로 작용하고 있다.

현재의 연장선에서 개선하는 것은 어렵다고 판단한 나카무라 선생은 파격적인 제안을 했다.

"지금의 평범한 이미지를 180도 바꿔 참신한 음식점으로 새 출발을 해보면 어떨까요?"

제안1 매장을 개조해 이미지를 180도 바꿔라
이 식당의 심벌인 피자 가마를 마케팅에 활용하라

카운터 위에 늘어서 있는 술병이나 식기류가 주방과 매장 사이에 '장벽'을 만들고 있다. 주방에 멋진 피자 가마가 있음에도 불구하고 손님들 눈에는 좀처럼 눈에 띄지 않는다.

나카무라 선생이 제안했다.

"카운터의 중앙 부분을 과감하게 없애 버리는 건 어떨까요?"

그렇게 하면 매장에 앉아서도 피자 가마가 눈에 들어오고, 무엇보다 주방과 카운터가 시원하게 뚫리면서 사람이 통행할 수 있게 된다. 주방 직원들과 고객의 거리가 가까워지기 때문에 고객에게 요리를 추천하기도 쉬워진다.

"피자가 아니라도 가마를 이용한 요리를 만들어서 메뉴를 늘릴 필요가 있습니다. 추천 메뉴 보드를 만들어 '페페로치노의 오리지널 가마구이' 같은 이름으로 고객에게 어필하는 겁니다. 적극적인 마케팅으로 독자성이 생겨나면 〈페페로치노〉의 가마구이를 먹기 위해 매장을 찾는 손님도 늘어날 것입니다."

주방 안쪽에는 특별 주문한 피자 가마가 있지만, 손님들 눈에는 잘 보이지 않는다.

나카무라 선생의 조언을 들은 사이카 사장은 바로 인테리어 전문가를 불러 매장 개조에 대해 논의하기 시작했다. 피자 가마를 눈에 띄게 하기 위해 벽과 테이블 중앙의 유리 부분을 없애고, 카운터 안으로 주방 직원들이 들어올 수 있도록 바꾸었다. 더불어 매장 안에 화이트보드를 걸고 가마구이 요리를 홍보할 예정이다. 공사에 든 비용은 약 40만 엔.

"결코 작은 돈은 아니지만, 가마구이는 다른 곳에서는 찾아볼 수 없는 우리 매장만의 특색이니 살려야 한다고 생각했습니다. 공사가 끝나면 주방 직원들이 직접 나와 고객에게 요리를 추천할 수도 있고요. 우리 가게의 특징을 만들 수 있을 것 같습니다."

사이카 사장은 의욕이 넘친다.

가마구이로 제공하는 요리는 피자 외에 어패류를 계획하고 있다. 어패류는 지금까지 쭉 아키타 현 오가 반도의 키타우라 항구에서 직송해서 사용하고 있으니, 신선도와 물량 확보에는 어려움이 없을 터였다. '고동 오븐구이(750엔)'는 매장 재단장에 앞서 즉시 메뉴에 추가했다.

📝 제안2 테이블 세팅을 바꿔 가격 대비 만족감을 높여라
접시를 늘려서 호화로운 인상을 만들어라

3년 전부터 시작한 '원 플레이트 런치'는 더 이상 〈페페로치노〉의 특징이 될 수 없었다. 비슷한 방식으로 요리를 제공하는 가게가 늘어났기 때문이다. 사이카 사장이 불편한 기색을 내비치자 나카무라 선생은 "가격 대비 만족감을 지금보다 늘리는 새로운 일을 시작해서 고객을 리드해 가야 합니다"라고 격려했다.

그 출발점으로 나카무라 선생이 제안한 것이 여러 개의 접시에 요리를 나눠 담는 것이다.

"고객은 접시 수가 많을수록 좋아하게 되어 있습니다. 메인 음식만이라도 다른 접시에 담아 보는 것은 어떨까요? 메인도 한 종류가 아니라 채소, 생선, 돼지고기 등 3종류에서 선택하도록 만드는 겁니다. 그렇게 하면 '돼지고기 요리는 플러스 100엔' 등의 설정도 가능해져서 객단가를 올리는 효과를 만들 수 있습니다."

나카무라 선생은 파스타의 인기 순위에도 문제가 있다고 지적했다.

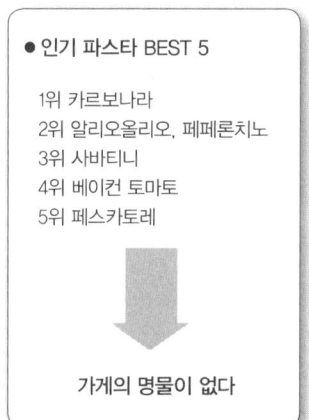

● 인기 파스타 BEST 5

1위 카르보나라
2위 알리오올리오, 페페론치노
3위 사바티니
4위 베이컨 토마토
5위 페스카토레

↓

가게의 명물이 없다

● 현재의 원 플레이트 런치
시대에 뒤처진 '원 플레이트 런치' "다른 집들이 따라 해서" 하고 한숨을 쉬는 사이카 사장. 어디에나 있을 법한 요리는 더 이상 고객의 마음을 사로잡지 못한다.

● 새로이 선보일 '이 주의 런치'
접시 수를 늘려 호화롭게   접시 수가 늘어나는 것만으로 고급스런 느낌을 준다. 접시를 닦는 수고는 식기세척기로 커버하기로 했다.

"어느 이탈리아 음식점에나 있는 카르보나라와 페페론치노가 1, 2위를 차지하고 있습니다. 이래서야 〈페페로치노〉만의 특징을 살릴 수가 없지요. 산지의 식재료를 이용한 가게의 명물 파스타를 만들어 그것을 널리 알려야 합니다."

'원 플레이트 런치'를 없애고, 접시 수가 많은 '이 주의 런치'로 변경하기로 결정한 사이카 사장은 새로운 메뉴를 선보일 생각에 얼굴이 환해졌다.

"접시 수만으로 요리가 이렇게 변하다니 정말 놀랍습니다. 이렇게 하면 가격을 100엔 올려서 900엔이라고 해도 충분히 매력적인 상품이 될 것입니다. 메인도 3종류에서 선택할 수 있도록 하고, 돼지고기나 쇠고기 등 '육류 요리는 플러스 100엔'으로 설정하려고 합니다."

📝 제안3 손님과 대화하며 요리에 대한 설명을 보충하라
한마디 덧붙이며 요리를 제공하라

서비스 강화도 중요한 문제다. 가마구이 요리를 도입할 경우, 직원들의 적극적인 추천이 필요하다. 이에 대해 나카무라 선생이 제안한 것은, 메뉴판에 요리에 대한 설명을 너무 자세히 쓰지 않는 일이다.

"메뉴판을 읽는 것만으로 어떤 요리인지 알게 되면 손님에게 질문을 받는다거나 직원들이 손님에게 음식에 대해 설명할 기회가 없어집니다. 특히 디너 타임은 '접근전'입니다. 기껏 으뜸 산지의 신선한 식재료를 사용해 놓고 아무도 알아주지 않는다면 무슨 소용이 있겠습니까? 대화를 통해 식재료나 요리에 대한 설명을 보충하는 쪽을 고객들도 좋아합니다."

호감을 주는 접객을 목표로 한다면 우수한 직원이 꼭 필요하다. "사람이 좀처럼 모이질 않으니……"라며 머리를 긁적이는 사이카 사장에게 나카무라 선생이 제안했다.

"유니폼을 멋지게 만드는 것도 하나의 방책입니다. 그러면 아르바이트 직원을 따로 모집하지 않아도 '이 집에서 일하고 싶다'는 의욕 있는 인재가 모이기 쉬워지고, 일하는 사람들도 자부심을 갖게 됩니다."

사이카 사장은 직원들의 의견을 수렴해 새 유니폼 디자인을 찾기로 결정했다.

접객 교육은 부인인 유우코 씨가 담당하고 있다. 요리를 테이블에 올려놓으면서도 그저 "오래 기다리셨습니다"라고 말할 것이 아니라 "○○산 버섯입니다. 식기 전에 드세요"라는 말을 덧붙이도록 역할 체험을 섞어 가며 교육하고 있다.

📝 그 밖의 제안

① 싼 코스 요리는 가게의 품격을 낮춘다

나카무라 선생은 디너 타임용 메뉴판에서 선택할 수 있는 요리 3품목에 90분간 음료를 무한 리필할 수 있는 '평일 애프터 5플랜(3,150엔)'은 '가능한 한 빨리 그만두어야 한다'고 지적한다. 이자카야에서나 볼 수 있는 서비스로, 싸구려 식당 같은 인상을 주기 때문이다.

"이런 서비스를 폐지함으로써 고객 클레임이 염려된다면 선택할 수 있는 요리 안에서 가마구이 요리를 추가로 추천하는 식으로 가게의 이미지를 바꾸어 나가야 합니다. 언젠가는 코스 자체도 없애는 것이 좋습니다."

② 영업이 끝난 뒤의 점장 회의는 의미가 없다

"저녁 영업이 끝난 뒤에 점장 회의를 하고 있는데, 그 시간이면 직원들이 녹초가 되어 단순한 영업 보고가 되어버렸습니다. 그렇다고 해서 쉬는 날에 출근시켜서 회의를 할 수도 없고……."

사카이 사장이 걱정을 털어놓았다. 나카무라 선생은 "점장 회의는 영업시간 중에!"라고 조언한다.

"점장이 없어서 매장이 돌아가지 않는대서야 다른 직원들의 의존성을 높이는 것밖에 안 되고, 만에 하나 점장이 갑자기 병이라도 나면 정상적인 영업을 할 수 없게 됩니다. 위기관리를 위해서라도 평소부터 점장이 없어도 영업할 수 있는 태세를 만들어 두는 것이 좋습니다."

전문가 상담을 받고 나서

내부수리를 마치고 예전의 매상으로 돌려놓겠습니다

11월에는 매장 분위기를 180도 바꿔서 새로운 마음으로 출발하기 위해 열심히 준비하고 있습니다. 매장을 재정비하고, 새로운 유니폼을 찾고, 식기를 교환하는 등 총액으로 따지면 150만 엔 정도의 비용이 소모되었습니다. 나카무라 선생님께 지도받은 대로, 피자 가마는 손님들 자리에서도 잘 보이게 될 것 같습니다.

매장 내의 화이트보드에는 '피자 가마로 구운 오븐 요리'라는 제목으로 피자와 토리아, 그라탱을 비롯해 고동이나 굴 오븐구이 등도 추천 메뉴에 올릴 예정입니다. 가게의 특징을 살릴 만한 지역의 식재료도 계속 찾고 있습니다.

'오늘의 런치'는 실제로 접시의 수를 늘려서 시뮬레이션 해본 결과, '원 플레이트'보다 훨씬 비싸 보이는 사실에 놀랐습니다. 그렇게 하면 점심 가격을 올려도 문제없을 것 같고, 메인을 3종류에서 고르게 하는 것으로 플러스 요금제를 도입해서 점차 객단가를 높이고 싶습니다. 런치타임에 디너와 같은 종류의 파스타 메뉴를 구비하고 있었는데, 차별화 요소가 부족하다는 지적을 받았습니다. 파스타는 3~4종으로 줄여서 낮과 밤의 이용 동기를 바꿔 나가려 합니다. 분위기를 바꾸기 위해 저녁에는 테이블에 양초도 올려둘 생각입니다.

접객은 아내가 중심이 되어 재정비하고 있습니다. 오픈할 때부터 친근한 서비스를 목표로 해왔습니다만, 가끔 단골손님에게 너무 친하게 굴어서 다른 손님들에게는 오히려 무뚝뚝하게 느껴진다는 사실을 알게 되었습니다.

역할극을 통해 요리 추천이나 추가 주문을 유도하는 접객 멘트도 지도할 예정입니다. 현재 2,000엔 정도인 저녁 객단가를 2,500엔까지 끌어올릴 수 있도록 전 직원이 하나가 되어 노력하기로 했습니다.

🍽 상담 이후 경영 상황

주변에 경쟁업체가 늘어나서 상황은 더욱 힘들어졌습니다. 심벌인 피자 가마를 무기로 여러 기획을 실행하여, 저희 가게만의 독자성을 어필해 나갈 예정입니다.

혼자서 가게를
운영하고 있어서 너무 바쁘다

- **어드바이저** : 키노시타 나오유키
- **제안1** 코스 요리를 만들어 객단가를 올려라
- **제안2** 주류 판매를 늘릴 수 있는 방법을 찾아라
- **제안3** 자연스럽게 권하는 방법을 연구하라

- **성과** 코스 요리 주문을 늘려 작업 부담을 줄이고 단가를 올렸다

바 타입의 카운터에 마련된 의자 아홉 개가 좌석의 전부인 〈산시치〉는 어패류를 중심으로 한 이자카야. 나카무라 사장 혼자 영업을 하고 있다. 월 매상은 120만 엔 전후로, 음식과 음료의 비율은 6대 4 정도다. 가격을 가능한 한 낮게 책정하다 보니 원가율이 40%나 되지만, '맛있는 생선을 싸게 먹을 수 있는 곳'이라는 이미지로 다른 집과의 차별화를 꾀하고 있다. 또한 좁기는 해도 바 앞에 냉장 케이스를 배치해 생선이 잘 보이게 하는 등 시각적 효과를 살렸다.

그러나 저녁에 2회전 정도 하는 것만으로는 돈벌이가 되지 않는다. 하루 종일 일을 해도 손에 남는 것이 없다는 말이다. 조금만 더 효율적으로 매상을 올렸으면 좋겠다는 것이 나카무라 사장의 고민이다.

바 타입의 카운터 좌석밖에 없는 작은 가게. 회식 손님은 받지 못하지만 관청이 가까워 접대 손님이 많았다. 그런데 최근에는 그것도 줄었다.

"주류 매상을 늘려야 하는 게 아닌가 싶긴 한데, 어찌 해야 할지 모르겠습니다."

키노시타 선생의 제안은 다음과 같다.

"저녁에 2회전이 가능하다는 것은 싸고 맛있는 생선 덕에 팬이 있다는 말일 겁니다. 술을 팔아서 매상을 올리는 것은 이 집의 본질이 아닙니다. 생맥주가 550엔이라는 가격은 적절하므로 이것은 손대지 말고, 요리를 중심으로 이익을 남길 수 있도록 해봅시다."

📋 제안1 코스 요리를 만들어 객단가를 올려라
메뉴판의 가장 눈에 띄는 위치에 써넣어라

키노시타 선생이 제일 먼저 한 조언은 '요리사 추천' 코스 요리를 만들라는 것이다. 코스 요리는 준비도, 제공도 계획적으로 할 수 있어서 좋다. 그날 물 좋은 생선을 효율성 있게 낼 수 있고, 재

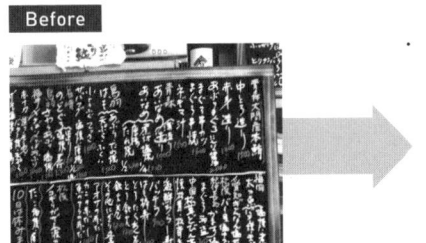

코스는 3,500엔, 4,000엔, 5,500엔의 세 종류를 시험적으로 만들어 보았다. 메뉴판의 오른쪽에 써서 눈에 띄기 쉽게 했다. 색을 바꾸는 등 좀 더 눈에 띄게 하면 더욱 좋다.

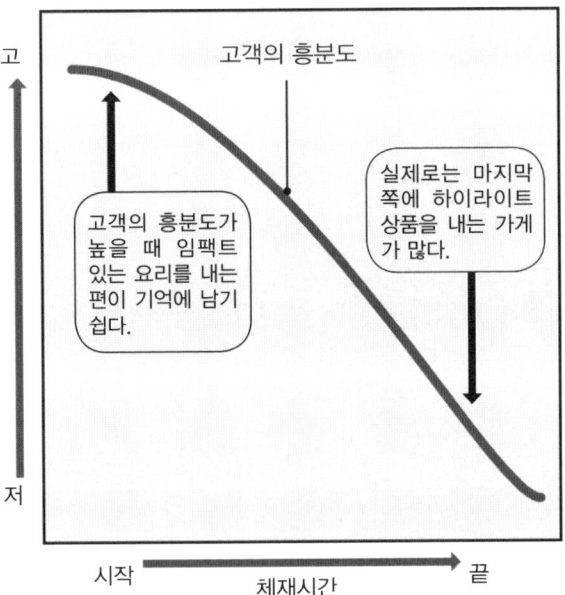

료가 남아 음식을 버리는 일도 적어진다. 또한 손님이 다양한 메뉴 가운데 무엇을 먹으면 좋을까 망설이지 않아도 된다는 이점도 있다.

"처음에는 객단가에 맞춰 4,000엔 코스 하나만 만드세요. 손님에게 코스 요리가 인식되면, 서서히 상위 코스를 만들어 유도해 가면 객단가를 올리는 데 도움이 됩니다."

코스 요리로 손님을 끌어들이기 위해서는 맨 처음 나오는 요리가 아주 중요하다. 고객의 '흥분도'는 체재시간과 함께 하향곡선을 그린다. 무엇이 나올까, 가장 들떠 있는 맨 처음에 성게초밥 같은 비싼 음식을 내놓으면 효과적이다. 고급 재료를 사용한 요리는 메인으로 중간에 내는 것이 일반적이지만, 흥분도가 내려가기 시작하는 중반부터는 취기도 올라 값어치 있는 요리도 의외로 기억에 남지 않는 경향이 있다. "처음부터 성게가 나왔다!"고 하는 편이 가게에 대한 강한 인상을 남겨 재방문의 가능성을 높인다.

또한 코스 요리라고 하면 메뉴판의 제일 마지막 페이지나 왼쪽에 두는 경우가 많은데, 코스를 메인으로 만들기 위해서는 가장 눈에 띄기 쉬운 첫 페이지나 오른쪽에 두는 것이 좋다.

제안 2 주류 판매를 늘릴 수 있는 방법을 찾아라
메뉴판에서 눈에 띄게 제시하라

술을 무리해서 팔 필요는 없다고 해도, 어차피 메뉴에 있는 것이라면 매상에 공헌하도록 최소한의 연출은 해야 한다. 기존의 메뉴판에는 술이 쓰여 있지 않고, 음식 역시 메뉴판에 올라와 있지 않는 것이 있다. 키노시타 선생은 "그래도 메뉴판에는 적어 놓는 것이 좋습니다"라고 잘라 말한다.

"소주를 팔아 성공한 어느 가게는 술 종류도 풍부했지만, '술고래'를 대상으로 하는 메뉴판과 술을 잘 못 마시는 사람들을 대상으로 하는 메뉴판을 따로 만들었습니다."

자리가 좁아서 메뉴판을 놓지 못한다면 '참치 뱃살과 최고의 궁합!' 같은 문구를 '목걸이'로 만들어 술병에 걸어놓는 방법도 있다.

"술을 팔기 위해서는 첫 번째가 종류의 풍부함, 다음이 추천입니다. 어패류를 중심으로 한 요리라면 청주가 어울릴지도 모르지만 소주라고 해도 상관없습니다. 주종은 일곱 종류 이상 갖추어 놓는 것이 좋습니다."

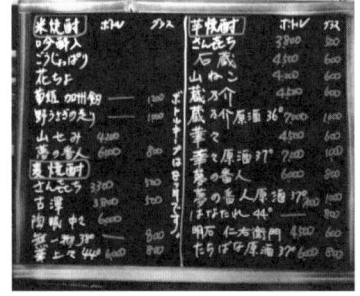

흑판에 써서 눈에 띄게 만들었다.

이전에는 구석에 병을 세워 놓은 것이 전부였다.

추천 문구를 쓴 목걸이를 술병에 걸어 두는 것도 좋은 방법이다.

제안3 자연스럽게 권하는 방법을 연구하라
제3자의 평가를 이야기하며 소개하라

손님이 술을 주문하도록 자연스럽게 권하는 방법을 연구해야 한다. 술을 마시고 싶은 마음이 들도록 유도하는 장치 중 가장 효과적인 것이 유명인 등 제 3자의 평가를 홍보 문구에 끼워 넣는 것이다.

"예를 들면 '배우인 후쿠야마 마사오가 아주 좋아해서 자주 마시는 술'이라는 문구로 큰 인기를 얻은 소주가 있습니다. '몬드셀렉션 3년 연속 수상' 같은 문구로 공신력을 부각시키는 것도 괜찮은 방법입니다."

술이란 것이 본래 맛에 대해 자세한 설명을 듣는다고 해서 마시고 싶은 생각이 드는 것은 아니다. 그러나 특정한 술을 고집하지 않는 고객들에게는 때로 설명이 효과적일 수 있다. 친절한 설명을 듣다 보면 "저는 술은 잘 모르니까 맛있는 것으로 한잔 주세요"라는 반응을 보이는 경우가 많기 때문이다. 이럴 때 제3자의 평가는 큰 위력을 발휘한다.

그 밖의 제안

① **작업을 좀 더 편하게 하려면?**

〈산시치〉에서는 메인 메뉴인 어패류 외에 우동이나 닭튀김 같은 음식도 구비되어 있다. 이에 대해서도 키노시타 선생은 새로운 제안을 했다.

"혼자서 일하는 것치고는 메뉴 수가 너무 많습니다."

"만들기 어렵지도 않고 인기도 제법 있고 해서……."

니카무라 사장이 얼버무리며 대답했다.

그러나 키토시타 선생은 잘라 말했다.

"손님들이 원하는 것을 너무 많이 수용하는 것도 좋지 않습니다. 우동은 인기가 있을지는 모르지만, 수익에 대한 공헌도는 매우 낮습니다. 이런 메뉴들을 조금 정리하면 작업의 효율성이 훨씬 높아질 것입니다."

단, 어패류에 관해서는 별개다. 버려야 할 부분이나 힘든 준비단계를 의식하여 메뉴 수를 줄여 버리면 손님이 떨어져 나갈 가능성이 있어 조심해야 한다.

② **2호점을 낼까, 확장해야 할까**

가게가 너무 좁아 2호점을 내야 할지, 확장해야 할지를 망설이고 있다는 나카무라 사장. 이에 대하여 키노시타 선생은 다음과 같이 조언했다.

"혼자서 한다면 30평을 넘는 순간 생산 효율이 아주 나빠질 것입니다. 이 가게의 경우, 확장한다 해도 25~26평 정도에 머무는 것이 좋습니다."

2호점을 낸다면 직원들을 고용해서 교육한 뒤 가게를 맡기는 형식이 될 것이다. 하지만 이제까지 혼자 잘 해왔다는 자부심을 지켜 나가고 싶은 마음도 있다.

"정말 직원들에게 가게를 맡길 마음이 있는지 생각해 보아야 합니다. 또한 2호점을 내면 갑자기 발생한 인건비에 신경 쓰랴, 원가 절감에 신경 쓰랴 매상을 떨어뜨리는 예도 있습니다. 그런 점을 극복할 수 있을지 잘 고려하여 향후 사업 확장 계획을 세워야 합니다."

전문가 상담을 받고 나서

저의 방법이 옳다고 확신하게 되었고, 자극이 되었습니다

음식점을 열어서 6년쯤 흐르고 나면, 누군가가 엉덩이를 걷어차 주지 않으면 멈춰 서게 됩니다. '이대로 좋은 걸까?', '이렇게 흘러가도 정말 괜찮은 걸까?' 하고 생각하게 됩니다. 그런데 이번에 키노시타 선생님께서 "음식점은 이제 더 이상 성장사업이 아니다"라고 말씀하시는 것을 듣고 등을 떠밀어주는 느낌이 들었습니다. 특히 '저렴하면서도 푸짐하게 제공한다'거나 '생선 메뉴에 집중해도 좋다'고 말씀해 주신 일 등은 '내 생각이 틀리지 않았다'는 확신을 주었습니다.

코스 메뉴는 중간 수준인 4,500엔짜리 메뉴가 가장 잘 나갑니다. 다만, 둘이 와서 같은 것을 주문해 주면 좋을 텐데 따로따로 주문을 하면 조금 번잡해집니다. 이 점은 무언가 대책이 필요할 것 같습니다.

술병에 거는 목걸이는 어떤 재질로 하면 좋을지 검토하고 있습니다. 가까운 시일 내에 실행해 볼 생각입니다.

예전에는 활기가 넘쳤던 이 마을도 지금은 완전히 쇠락하고 말았습니다. 마을 전체에 활기가 없어지면 언젠가는 가게도 문을 닫아야겠지요. 그런 때가 오면 어떻게 해야 할지에 대해서도 미리 생각해 봐야 할 숙제라는 생각이 듭니다.

🍽 상담 이후 경영 상황

생선을 활용한 음식 종류를 이전보다 더 늘려서 원가를 더 들이자 객단가도 올라서 월 매상이 160만 엔까지 올랐습니다. 올봄에는 지금보다 넓은 매장으로 이전할 계획입니다.

맺음말

위기를 벗어나려면 '문제 해결력'을 키워라

"문제를 해결할 수 있는 경영자는 해결할 수 없는 경영자와는 확실하게 차이나는 부분이 있습니다."

수많은 음식점 경영자를 만나 온 'FBA'의 이시다 요시누마 선생은 그렇게 말한다.

문제를 해결할 수 있는 경영자는 대체로 행동이 빠르다. 예를 들어, 다음 달까지 새로운 메뉴판의 원안을 만들어야 한다고 치자. 그는 바로 작업에 착수하여 기일 전에 완성해서 그에 대한 조언을 구하러 온다. 한 걸음이라도 앞으로 나가고 싶다는 열망이 강하기 때문이다.

또한 전문가의 제안을 맹목적으로 따르는 것이 아니라 나름대로 연구를 거듭해서 자신만의 결론을 만들어 낸다. 컨설턴트는 어디까지나 문제 해결을 위한 힌트를 주는 파트너일 뿐, 해답을 제시하는 사람이 아니라고 생각하는 것이다. 다시 말해서 '스스로 생각하고', '빠르게 행동함으로써 현상을 변화시키는' 힘이 '문제 해결력'인 것이다.

자신이 운영하는 음식점의 강점과 약점을 가장 잘 알고 있는 것은 다름 아닌 경영자 자신이다. 고민 해결에 적극적으로 나서는 경영자는 '듣는다 → 스스로 생각한다 → 행동한다'라는 프로세스를 확실하게 실천한다.

그렇다면 성공한 인물들이 갖고 있는 '문제 해결력'은 무엇일까. 그들이 문제점을 분석하는 방법이나 동기부여를 통해 음식점의 위기상황을 벗어나는 방법을 배워 보자.

위기의 순간을 감지하는 방법

"고민만 하고 앉아 있는 가게의 공통점은 기본적인 부분이 취약하다는 것입니다."

이시다 선생은 이렇게 지적한다.

이시다 선생이 음식점의 문제점을 찾을 때 중점을 두는 부분은 다음 세 가지다.

① 가게의 콘셉트는 확실한가.
② 청결상의 문제는 없는가.
③ 대표 메뉴는 잘 팔리고 있는가.

매상이 급격히 떨어지거나 아무리 노력해도 매상이 오르지 않는 경우, 문제는 대부분 이 세 가지 요인 중에 있다는 것이 이시다

● 메뉴의 기본, 잘 알고 있습니까?

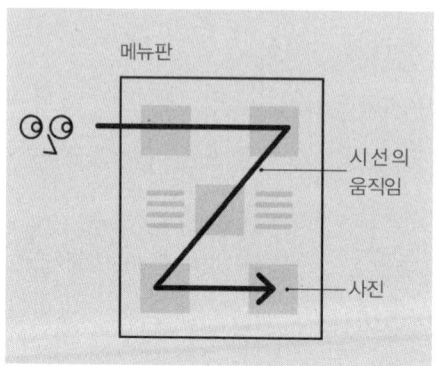

맛
안주 메뉴는 일반적인 식사보다 맛이 진한 편이 바람직하다.

볼륨
식사 전체의 양은 국물이나 음료를 포함해 600~800g 정도에 만족감이 얻어진다.

담기
일식은 평면적, 양식은 입체적으로 담는 것이 원칙이다. 그 기본을 벗어나면 위화감이 생길 수밖에 없다.

손님의 눈길은 메뉴판 왼쪽 상단에서 시작해 오른쪽 상단으로 움직이며, 이후 대각선으로 내려와 왼쪽 하단, 오른쪽 하단으로 'Z'자 형태로 움직인다. 이 시선의 움직임 위에 집중적으로 팔고 싶은 메뉴를 사진과 함께 배치하면 좋다.

선생의 설명이다.

실제로 월간 『니케이레스토랑』의 연재 칼럼 '고민 해결 클리닉'에 등장하는 음식점들은 "점포의 외관이나 메뉴판에서 무엇을 팔고 싶은지, 어떤 가게인지가 전해지지 않는다"고 지적 받은 경우가 많다. '가게의 콘셉트를 알기 어렵다', '대표 메뉴 홍보가 부족하다' 같은 것은 문제 분석의 3요소 중 ①과 ③에 해당하는 부분이기도 하다.

또한 ②의 청결 문제 역시 매상이 부진한 음식점에서 공통으로 나타나는 약점이라고 전문가들은 입을 모은다. 예를 들면, 테이블이나 벽의 일부가 더럽혀져 있어도 익숙해지면 무늬처럼 보일 때가 많다. 더럽혀진 상태에 익숙해져 버리는 것이다.

"기본도 안 갖추어진 상태에서 실적을 올리려고 하는 것은 불가능한 욕심일 뿐입니다. 우선은 기본적인 부분이 모두 만족할 만한 상태인지 다시 한 번 살펴볼 필요가 있습니다."

이시다 선생은 거듭해서 기본을 강조한다.

'대표 상품이 잘 팔리고 있는가' 하는 것은 가게의 힘을 보여주는 바로미터다.

"전체 매상에서 상위 10위까지의 메뉴가 차지하는 비율을 1년 전과 비교해 보십시오. 이것이 5%나 떨어진다는 것은 위험 신호입니다. 대표 메뉴의 경쟁력 저하가 현저해지면 운영에도 부하가 걸리게 마련입니다."

무엇을 팔고 싶은지 명확하다면 이 같은 변화를 민감하게 알아채서 원인을 찾을 수 있을 것이다. 그러나 경영 방침이나 콘셉트가 흐릿한 음식점이라면 여러 곳에서 드러나는 작은 위기의 징후를 놓치고 만다.

음식점이 망하는 공포를 이미지화한다

무언가 문제가 생겼을 때 그 과제를 해결하는 데 가장 큰 힘을 발휘하는 것은 극복 의지라고 할 수 있다. 당연한 말이라고 치부해 버릴지 모르지만, 스스로 고민을 해결하지 못하는 경영자들의 대부분은 도중에 문제 해결을 단념해 버린다. 똑같은 일상이 반복되는 가운데 위기감을 유지하는 것이 생각보다 어렵기 때문이다.

이시다 선생은 그 이유를 다음과 같이 분석한다.

"음식점은 현금 거래를 하기 때문에 웬만해서는 망하지 않는다는 고정관념이 있습니다. 지속적으로 현금이 들고나는 가운데 위기감을 유지하기란 여간 어려운 일이 아닙니다."

실적은 부진해도 영업을 계속하다 보면 당장은 어떻게든 돌아간다는 얘기다.

뛰어난 경영자는 이와는 반대 방향으로 생각하며 움직인다. 연구도 열심히 하고 행동도 빠른 경영자는 가게가 망하면 어떻게 하나 언제나 걱정한다. 좋은 의미의 겁쟁이인 것이다. '어물쩍거리고 있으면 가게가 망한다, 회사가 도산한다'는 위기감이 발전의 원동력이 된다는 것이 이시다 선생의 생각이다.

이시다 선생이 지도하고 있는 한 대박집의 경영자는, 항상 매장 안을 두리번거리고 둘러보며 청소가 제대로 되어 있는지 등을 체크한다.

'문제점을 방치했다가 가게가 망한다면' 하고 상상하는 것만으로도 문제 해결의 지속력은 크게 높아질 것이라고 이시다 선생은 조언한다.

팔고 싶은 메뉴를 도입한다

〈키친N〉의 나카무라 신 선생이 제안하는 것은, 좋아하는 메뉴를 팔아 보는 일이다. ABC 분석으로 C랭크에 위치하는 세트 메뉴 가운데 필요 없는 상품을 빼고, 고객에게 팔고 싶은 요리로 바꾸는 것이다.

이 제안 뒤에는, 약점을 고치는 것은 힘든 일이지만 좋아하는 일이라면 고통이 아니라 즐겁게 계속해 나갈 수 있다는 의도가 숨겨

● 새로운 메뉴 도입으로 가게를 변화시킨다!

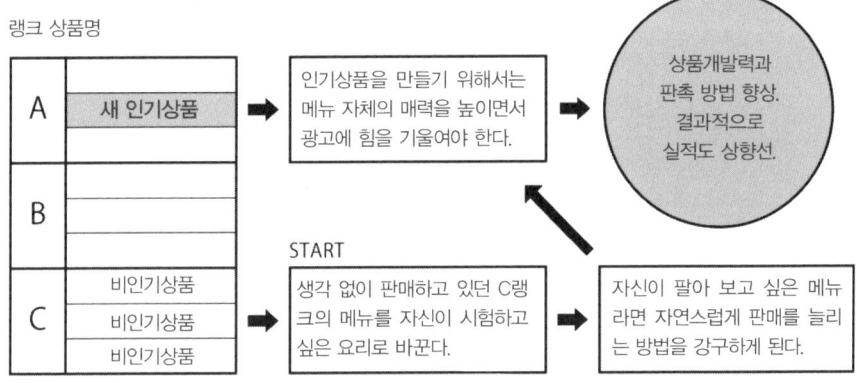

져 있다. 사람은 좋아하는 일에는 시간을 아끼지 않기 때문에 자신의 생각이 전적으로 반영된 신 메뉴를 팔기 위해 스스로 연구하게 된다는 말이다. 충분한 수량을 팔기 위해서는 상품 개발에서 운영, 판촉까지 가게 전체의 힘이 필요해지고, 그것을 계기로 가게 전체가 성장하게 된다.

"'제가 좋아해서 추천하고 있는 신 메뉴입니다' 같은 자부심은 아무리 설명을 못해도 다 전해지게 마련입니다."

실제로 나카무라 선생이 지도하는 한 오코노미야키 전문점에서는 그라탱 풍의 신 메뉴를 도입해 기획자가 직접 홍보한 결과, 처음에는 C랭크였던 것이 점차 평판이 좋아져 A랭크 상품으로 성장했다. 물론 가게 전체의 매상을 올리는 데도 크게 공헌하고 있다.

데이터의 가설을 세워서 검증한다

나카무라 선생이 가게의 문제점을 찾기 위해 맨 처음 검증하는 데이터는 다음 세 가지다.

A : 매상과 인건비 등 각종 경비의 추이
B : 메뉴의 변경 이력
C : 과거에 실시했던 판촉과 그 결과

A와 B를 보면 '메뉴를 검토한 것이 매상이 줄어든 뒤의 일로, 대응이 늦었다' 같은 사실을 알 수 있다. 판촉 예산은 매상의 2~3%가 적절한데, A와 C를 보면 제대로 판촉을 해왔는지도 알 수 있다.

이외에도 수치 데이터를 분석하면 알 수 있는 것이 많다. 예를 들어 객석 회전율이 떨어지는 경우, 판매 기록에서 1시간 단위의 매상 추이를 조사하여, 그 피크타임이 늦은 시간대로 옮겨져 있다고 하면 몇 개의 가설을 세울 수 있다.

● 피크시간이 옮겨진 이유는?

[그래프: 매상(y축)과 시간(x축)에 따라 과거의 피크타임에서 현재의 피크로 피크타임이 옮겨짐]

이유는 몇 가지로 추론
① 제공 스피드가 떨어져 손님의 체재시간이 길어졌다.
② 식사 목적의 손님에서 음주 목적의 손님으로 고객층이 바뀌었다.
③ 경기 회복으로 야근이 늘어나 식사시간이 늦어졌다.

데이터를 기반으로 원인을 분석해 가면, 아이템 수를 줄여서 제공 스피드를 높일 수 없을까 등 적절한 대책을 강구하기 쉬워진다.

① 음식을 제공하는 데 시간이 걸려 고객의 체재시간이 늘어났다.
② 식사 손님에서 음주 중심 손님으로 고객층이 바뀌었다.
③ 경기 회복으로 야근이 늘어서 식사시간이 늦어졌다.

①의 경우, '인력 부족이나 신 메뉴 적응기 등으로 인해 음식 제공에 시간이 걸린다' 또는 '이전보다 아이템 수가 늘어나 운영이 혼란스럽다'와 같은 가능성을 생각해 볼 수 있고, 인건비나 메뉴 수 등의 인과관계도 검증할 수 있다.

나카무라 선생은 다음 두 가지를 권한다.

1. 영업일지를 쓸 것
2. 가능한 한 경영자가 직접 고객에게 말을 걸 것

이 두 가지 권고사항은 앞의 A~C와 더불어 가설을 세우는 도구가 된다. 자기 나름의 가설을 가지고 움직일 수 있는가의 여부가 경영의 차이를 만든다고 나카무라 선생은 거듭 강조한다.

대박집 경영자의 사고방식을 배운다

〈유메쇼닷컴〉의 오쿠보 카즈히코 선생은 곤란한 상황에 잘 대처해 나가는지 아닌지는 생각하는 방법의 차이에서 생겨나는 것이라고 말한다. 대박집의 경영자는 선순환을 낳는 사고와 행동 패턴을 가지고 있고, 곤경에서 벗어나지 못하는 경영자는 악순환을 낳는 사고와 행동 패턴을 가지고 있는 경우가 많다고 한다.

전문가가 무언가 개선안을 제안해도 곤경에서 벗어나지 못하는 타입의 경영자는 "그건 해봤지만 안 되던걸요"라고 대답하는 경우가 많다고 한다. 그러나 같은 이야기를 대박집 경영자에게 하면, "전에도 비슷한 시도를 해봤는데, 그때는 왜 잘 안 되었던 걸까요?" 하고 반문해 보다 발전된 방법으로 재도전해 보려는 의지를 내비친다는 것이다.

'돈이 없어서'라며 새로운 일에 좀처럼 뛰어들려고 하지 않는 것도 곤경에서 벗어나지 못하는 타입의 경영자들이 갖고 있는 특징. 반면 대박집 경영자들은 온갖 방법을 동원해서 자금을 마련한다. 또는 돈을 들이지 않고 해결할 수 있는 방법은 없는지 실질적인 대책을 강구한다.

"대박집이라고 해도 실은 자금에 여유가 없는 집이 많습니다. 말하자면, 곤경에서 헤어 나오지 못하는 경영자는 자신에게 브레이크를 거는 사람들인 겁니다. 하고 있는 일에 자신이 없거나 고집이 세서 남의 말을 듣지도 않지요. 대박집의 경영자는 자신이 하는 일은 고객이 좋아할 거라고 믿기 때문에 무슨 일에든 적극적입니다. 그리고 사람의 이야기를 잘 듣습니다."

부정적인 사고방식을 벗어나기 위해서는, 자신을 대박집의 경영자라고 가정하고 여러 방면으로 생각해 보고 행동하는 것이 좋다고 오쿠보 선생은 조언한다.

예를 들면, 간판이 오래돼서 더러워졌다고 하자. 어떤 사람에게는 그것이 아무렇지 않을지 몰라도, 대박집의 사장이라면 간판을 새로 만들든지 반짝반짝 닦아야겠다는 생각을 할 것이다.

'잘 나가는' 사람의 사고방식을 받아들이고 그의 행동을 따라하는 것만으로도 이제까지 느끼지 못했던 자신의 약점을 발견하게 되고, 나아갈 방향이 눈에 들어오게 될 것이다.

어드바이저 프로필

오쿠보 카즈히코 | 유메쇼닷컴 대표
호세이 대학 중퇴 후 〈돈카츠 신주쿠 사보텐〉을 전개한 그린하우스푸드 등을 거쳐 독립. 1만 점에 달하는 점포 시찰 경험을 토대로 고전하고 있는 많은 가게들을 재정비해 주고 있다.

📞 090-9963-6943
✉ okubo@yume-akinai.com

키노시타 나오유키 | 발류 사장
식품 회사와 후나이 종합연구소를 거쳐, 키노시타 푸드 크리에이트(현 발류)를 설립. 전국의 대박 음식점으로부터 뽑아낸 법칙을 구사하여, 기존 점포의 활성화와 신규 점포의 개발 지원에 힘쓰고 있다.

📞 06-6886-8100
✉ info@h-value.co.jp

신보 카츠노리
구미의 일류 레스토랑에서 조리 경험을 거치고 귀국. 글로벌다이닝에 입사하여 주방장으로 근무하다 2001년에 퇴사. 2008년에 컨설팅 회사 설립. 음식점 창업과 메뉴 개발을 도와주고 있다.

이노사와 다케시 | 라이즈윌 사장
대학 졸업 후 경영 컨설팅 회사에 입사. 2005년에 라이즈윌 설립. 지방 음식점을 대상으로 한 지도 실적이 풍부. 저서로 『음식점 개업·경영법』이 있다.

📞 076-471-5458
✉ mail@rase-will.com

마에다 노리아키 | CSS 사장
택배점 〈카마메시모요우〉, 〈카마노야〉를 전개(2012년 3월 현재 전국 32점포). 열아홉 살에 배달 음식점을 개업하지만 경영에 실패하여 파산 직전까지 추락했던 자신의 경험을 토대로 음식점의 경영 지도에 힘쓰고 있다.

- 03-5929-9464
- info@kamanoya.com

시로이와 오오키 | 업 트랜드 크리에이트 대표
주오 대학 졸업 후 일식 전문점 〈나다만〉에 주방장으로 근무. 그 후 〈우시카쿠〉, OGM 컨설팅을 거쳐, 2009년 4월에 업 트랜드 크리에이트를 설립. 자신 있는 분야는 P/A교육과 판촉.

- http://upt-c.jp
- info@upt-c.jp

타니구치 마사유키 | 핸드셰이크 사장
일식점의 점장, 본부경영관리 책임자를 거친 후 음식점 컨설팅 회사 핸드셰이크를 설립. 메뉴 개발에서 인재 교육까지 폭넓은 어드바이스를 하고 있다.

- 03-5403-9044
- info@fckigyo.jp

후지오카 치에코 | 시즐 사장
후나이 종합연구소를 거쳐 2006년에 시즐을 설립. 음식업과 제과점 컨설팅 경력 24년. 자신 있는 분야는 입소문이 날 만한 대표 메뉴를 만드는 것. 저서로는 『시작하자, 빵집!』 등이 있다.

- 06-6889-3737
- info@sizzle.co.jp

오노 카즈히코 | 리틀라이온 사장
젠쇼에서 점장, 슈퍼바이저, 점포관리부 부장 등을 경험. 상장 직전에 퇴사하여 리틀라이온을 설립. 음식점을 중심으로 1500점 이상의 점포 활성화에 관여했다.

- 045-304-3093
- info@little-lion.com

카타데 에미 | 앤드워크스 시니어 컨설턴트

자신 있는 분야는 접객 지도. 지방 음식점의 매상을 2년 만에 5배로 늘린 실적을 가진 뛰어난 컨설턴트. 현장에 들어가 스태프와 함께 일하는 실천적인 지도로 정평이 나 있다.

- 📞 03-3388-2717
- ✉ info@andworks.co.jp

카토 마시히코 | 앤드워크스 사장

글로벌다이닝을 거쳐 음식점 컨설팅 회사 앤드워크스를 설립. 자신 있는 분야는 인재 육성. 주요 작품으로는 DVD 「접객의 법칙」, 「만점 접객」 등이 있다.

- 📞 03-3388-2717
- ✉ info@andworks.co.jp

구도 마사유키 | 앤드워크스 상무

카페 등의 경영에 참여한 후, 음식점 컨설팅 회사 앤드워크스를 설립. 음식점만이 아니라 여러 종류의 서비스업에서 접객 지도와 폐점 서포트를 하고 있다.

- 📞 03-3388-2717
- ✉ info@andworks.co.jp

나카무라 신 | 키친N 사장

츠지 조리사전문학교의 교직을 거쳐 유럽의 3성 레스토랑 등에서 연수. 귀국 후 여러 프랑스 레스토랑에서 주방장을 역임. 현재는 지역의 활성화와 대기업 외식 부문의 상품 개발, 음식점을 대상으로 한 컨설팅에 몸담고 있다.

- 📞 078-747-5508
- ✉ kichen-n@kichen-n.co.jp